NÃO VIOLÊNCIA
NA EDUCAÇÃO

Jean-Marie Muller

NÃO VIOLÊNCIA
NA EDUCAÇÃO

Tradução de Tônia Van Acker

Palas Athena

Título original: Non-violence in education
Autor: J. M. Muller
Publicado pela primeira vez pela United Nations Educational, Scientific and Cultural Organization (UNESCO), França.
ED. 2002/WS/23
© UNESCO
© Palas Athena 2006, da tradução para o português

As designações empregadas e a apresentação do material nesta publicação não expressam qualquer opinião por parte da UNESCO no tocante ao status legal de qualquer país, território, cidade ou de suas autoridades, ou à delimitação de suas fronteiras.
A tradução para o português é de responsabilidade da Palas Athena Editora

Grafia segundo o Acordo Ortográfico da Língua Portuguesa de 1990, que entrou em vigor em 2009.

Capa e produção gráfica: Assaoka
Revisão técnica: Lia Diskin
Atualização ortográfica: Rejane Moura

Dados Internacionais de Catalogação na Publicação (CIP)
(Câmara Brasileira do Livro, SP, Brasil)

Muller, Jean-Marie, 1939 –
Não violência na educação / Jean-Marie Muller; tradução de Tônia Van Acker. – São Paulo: Palas Athena, 2006.

Título original: Non-violence in education.
Bibliografia.
ISBN 978-85-7242-061-7

1. Educação – Finalidades e objetivos
2. Mediação 3. Não violência 4. Paz – Construção
I. Título.

06-4394   CDD-370.115

Índices para catálogo sistemático:

1. Educação e não violência 370.115
2. Não violência na educação 370.115

2ª edição, março de 2017

Todos os direitos reservados e protegidos pela Lei 9610 de 19 de fevereiro de 1998. É proibida a reprodução total ou parcial, por quaisquer meios, sem autorização prévia, por escrito, da Editora.

Direitos adquiridos para a língua portuguesa por Palas Athena Editora
Alameda Lorena, 355 – Jardim Paulista
01424-001 São Paulo – SP – Brasil – Tel.: (11) 3050-6188
www.palasathena.org.br   editora@palasathena.org.br

*O autor deseja expressar seu agradecimento
a Bernadette Bayada, Élisabeth Maheu,
François Marchand, Alain Refalo,
Hélène Roussier e François Vaillant
por seus valiosos comentários e sugestões.*

Sumário

	Prefácio	9
	Introdução	11
1.	Conflito	22
2.	Agressividade	29
3.	Violência	33
4.	Não violência	40
5.	Democracia	49
6.	Mediação	56
7.	Maus-tratos	61
8.	Delinquência	66
9.	Educação em cidadania	71
10.	Autoridade	83
11.	Solução construtiva de conflitos	90
12.	Rumo a uma cultura de não violência	99
	Notas	103
	Do mesmo autor	109

Prefácio

Experimentei pela primeira vez o absurdo, o horror e a futilidade da guerra na mais tenra idade: vivia a menos de cem quilômetros de Hiroshima quando em 1945 a bomba atômica caiu na cidade. Sou testemunha de que o ocorrido nas cidades japonesas de Hiroshima e Nagasaki ainda reverbera nos dias de hoje e continuará a fazê-lo por muito tempo, não só na minha memória mas na de toda a raça humana.

Esse evento introduziu um novo nível de conflito, com poder de destruição incalculável, capaz de pôr fim ao mundo vivente. Uma fronteira, um limite até então sacrossanto, tacitamente respeitado por toda a humanidade, foi violado: uma infração que abriu as comportas para todas as outras formas de violência.

Essa violência, a começar por suas formas mais brandas (insultos e grosserias) até as mais hediondas (estupro, assassinatos, massacres, terrorismo) – algumas das quais ocasionalmente procuram justificação nas outras –, está enraizada na consciência dos povos e permeia profundamente a cultura do século 21.

A ação preventiva – que é missão da UNESCO promover por intermédio de educação, ciência e cultura – ainda está longe de se mostrar enraizada na mente das pessoas e encontrar expressão concreta. Muitos consideram a substituição da cultura da guerra por culturas de paz um ideal utópico. No entanto, é notório que a violência, alimentada pela ignorância, frequentemente nasce da rejeição do outro e do medo, ódio até, das diferenças. Ela instiga indivíduos, grupos e culturas uns contra os outros, levando ao isolamento e à crescente agressão. Por outro lado, uma consciência saudável e equilibrada da condição de alteridade só pode ser alcançada por meio do diálogo pacífico.

Portanto, a educação é fundamental para a construção da paz. Educação para a paz, os direitos humanos e a democracia são inseparáveis de um estilo de ensino que transmita aos jovens, e aos não tão jovens, atitudes de diálogo e não violência; em outras palavras, os valores de tolerância, abertura para o outro e partilha.

Ao publicar este texto, *Não violência na educação*, a UNESCO procura aprimorar a compreensão dos conceitos básicos de paz e não violência em muitas regiões e países do mundo todo. As definições e conceitos filosóficos desenvolvidos aqui por Jean-Marie Muller serão certamente muito úteis para professores – os "construtores da paz" do dia a dia – e alunos, e também para o público em geral.

Estamos na Década Internacional para uma Cultura de Paz e Não violência para as Crianças do Mundo (2001 - 2010) da ONU. Uma das tarefas da UNESCO no decorrer desta década será a de promover o ensino da prática da paz e da não violência. Espero que este livro possa contribuir com os esforços para atingir a meta, e nos aproxime cada vez mais do objetivo de construir uma cultura de paz.

Koïchiro Matsuura
Diretor-geral da UNESCO

Introdução

Em 10 de novembro de 1998, a Assembleia Geral das Nações Unidas proclamou o período de 2001 a 2010 a Década Internacional para uma Cultura de Paz e Não violência para as Crianças do Mundo (Resolução 53/25). A Assembleia Geral ponderou que "uma cultura de paz e não violência promove respeito pela vida e dignidade de todos os seres humanos, sem preconceito ou discriminação de qualquer espécie [...]". Reconheceu, ainda, o papel da educação "na construção de uma cultura de paz e não violência, em particular o ensino da prática da paz e não violência às crianças, que promoverá os propósitos e princípios da Constituição das Nações Unidas [...]". A Assembleia Geral prosseguiu convidando os Estados Membros a "tomar as providências necessárias para assegurar que a prática da paz e não violência seja ensinada em todos os níveis de suas respectivas sociedades, inclusive nos estabelecimentos de ensino [...]".

Temos boas razões para celebrar o fato de que os representantes dos Estados Membros, reunidos em Nova York, tenham votado tal resolução. No entanto, a não violência ainda é um elemento estranho à cultura que herdamos. Os conceitos básicos nos quais nosso pensamento está estruturado e organizado deixam pouco espaço para a ideia de não violência. A violência, por outro lado, é inerente ao nosso pensamento e comportamento. A não violência ainda é um território inexplorado. Temos tanta dificuldade em apreender o conceito de não violência, que frequentemente nos vemos inclinados a negar sua relevância. Assim, temos um grande trabalho pedagógico pela frente para evitar a inobservância da resolução das Nações Unidas e para assegurar que a "cultura de paz e não violência", à qual se refere, de fato transforme o panorama mental de professores e alunos.

Em 14 de maio de 1985, em sua "Recomendação aos Estados Membros", o Conselho da União Europeia já defendia a educação para a resolução não violenta de conflitos: "Conceitos associados aos direitos humanos podem e devem ser adquiridos desde a mais tenra idade. Por exemplo, a resolução não violenta de conflitos e o respeito pelos outros já podem ser experimentados na rotina da pré-escola ou escola primária". E a Recomendação prossegue, enumerando várias habilidades necessárias para compreender e suster os direitos humanos, inclusive: "[...] saber reconhecer e respeitar diferenças [...], saber estabelecer relacionamentos construtivos e não opressivos [...]", e como resolver conflitos de forma não violenta.[1]

O dever de ensinar a não violência

Civilizar, segundo o filósofo Karl Popper, consiste essencialmente em reduzir a violência.[2] Na visão de Popper, esse deve ser o principal objetivo da democracia. A liberdade individual só pode ser garantida na sociedade quando todos os seus membros abrem mão do uso da violência; o estado de direito requer a não violência, que é um de seus elementos essenciais.[3] Se um indivíduo usa de violência contra outro, é necessário que o governo intervenha para restaurar a segurança pública e a paz social. No entanto, Popper entende que o estado de direito não deve basear-se na repressão estatal, mas no fato de as pessoas terem suficiente espírito comunitário para abrirem mão da violência por sua própria vontade. Para tanto, é preciso promover uma cultura de não violência entre os cidadãos, e o primeiro passo é ensinar às crianças sobre a não violência. Quanto mais negligenciarmos "o dever de ensinar a não violência",[4] diz Popper, tanto maior será o domínio da cultura da violência sobre a sociedade, e tanto maior a necessidade de o governo recorrer a medidas restritivas e repressoras. A educação consiste não apenas em ensinar os fatos, mas também, e acima de tudo, em mostrar a importância de se eliminar a violência.[5]

Em suma, as crianças precisam aprender a não violência. Mas, para que isto aconteça, a própria educação deve se moldar pelos princípios, regras e métodos da não violência: não violência na pedagogia é o primeiro passo para ensinar a não violência. Éric Prairat, ecoando a afirmação de Georges Gusdorf de que a violência se assemelha a um golpe sujo na honra da filosofia,[6] considera a violência semelhante a um golpe sujo na honra da pedagogia.[7] Os adultos devem respeitar o mundo da criança, não invadi-lo e ocupá-lo brutalmente, impondo suas leis e ideologias. Em 1929, Janusz Korczak, um pioneiro na educação baseada no respeito pela criança, chamou nossa atenção para o modo como as crianças eram dominadas pelos adultos: "Nós conhecemos as vias para a prosperidade, dispensamos instruções e conselhos. Nós desenvolvemos as virtudes, reprimimos faltas. [Nós] guiamos, corrigimos, treinamos. E a criança – nada. Nós – tudo. Nós damos ordens e exigimos obediência. Moral e legalmente responsáveis, sábios e previdentes, somos os únicos juízes das ações da criança, seus movimentos, pensamentos e planos. Nós damos as ordens e supervisionamos a execução. Dependendo da vontade e do entendimento – nossas crianças, nossa propriedade".[8] Hoje compreendemos que esta abordagem dominadora não é a melhor forma de ensinar pequenos seres humanos sobre responsabilidade e liberdade. A criança tem direito ao respeito porque ele ou ela já é uma pessoa.

Os valores que a educação deve transmitir às crianças são aqueles que fundamentam a Declaração Universal dos Direitos

Humanos adotada pela Assembleia Geral das Nações Unidas em 10 de dezembro de 1948:

> O reconhecimento da dignidade inerente a todos os membros da família humana e seus direitos iguais e inalienáveis são o fundamento da liberdade, da justiça e da paz no mundo (Preâmbulo);

Diz o Artigo 26:

> A instrução será orientada no sentido do pleno desenvolvimento da personalidade humana e do fortalecimento do respeito aos direitos do homem e às liberdades fundamentais.

A ética da não violência e dos direitos fundamentais, como apontou François Vaillant, resume-se a um único código moral geral, aquele que reza o respeito por todo e cada ser humano, e por sua dignidade.[9] A ação não violenta é, sem dúvida, o meio mais adequado para promover e defender a liberdade, a justiça e a paz. Pois o primeiro passo na defesa dos direitos humanos é respeitar esses direitos já na própria escolha do meio que se pretende usar para defendê-los.

O Artigo 29 da Convenção sobre os Direitos da Criança, adotada pela Assembleia Geral das Nações Unidas em 20 de novembro de 1989, estipula que a educação da criança deve ser orientada, entre outras coisas, para:
- O desenvolvimento do respeito pelos direitos humanos e liberdades fundamentais;
- A preparação da criança para uma vida responsável em uma sociedade livre, num espírito de compreensão, paz, tolerância, igualdade entre os sexos e amizade entre os povos e grupos étnicos, nacionais e religiosos.

Hoje a democracia é em geral vista como a estrutura política mais apta a produzir uma sociedade livre, tolerante, justa e pacífica. A educação deve, portanto, ser projetada para permitir à criança tornar-se um cidadão responsável, imbuído da firme crença de que a única revolução capaz de honrar suas premissas é aquela que pavimenta o caminho para a democracia. Os melhores métodos pedagógicos para atingir este objetivo envolvem a organização da comunidade escolar segundo valores democráticos. "Ensinar valores humanos na escola significa enfrentar todo o problema da democracia numa comunidade humana. De fato, o funcionamento democrático das escolas é pré-requisito para a autenticidade e credibilidade do ensino de direitos humanos."[10] A democracia requer, basicamente, que se construa uma sociedade livre de violência. A democracia deve estar, em seu propósito último e *modi operandi*, organicamente afinada com a não violência. "Eu acredito", disse Gandhi, "que a verdadeira democracia só pode originar-se na não violência".[11] Evidentemente, os alunos jamais poderiam exercer sobre as escolas o mesmo tipo de controle que os cidadãos exercem na democracia. Não se trata de deixar a escola na mão das crianças. Os professores não podem estar sujeitos a voto por parte das crianças da mesma forma que os líderes da sociedade são eleitos pelos cidadãos. Mas a escola tem, sim, o dever de ensinar os valores básicos da democracia cívica: a não violência e o respeito.

Ideologias da exclusão

As principais ameaças à ordem democrática brotam de ideologias baseadas na discriminação e exclusão: nacionalismo, racismo, xenofobia, fundamentalismo religioso e liberalismo econômico voltado apenas para a acumulação de lucros. Os esforços para defender e promover a democracia (dois passos que se sustentam mutuamente e precisam ser dados ao mesmo tempo) devem começar pelo combate a tais ideologias, cujas sementes proliferam dentro e fora de todas as sociedades. Aliás, não conhecem fronteiras.

Todas as ideologias antidemocráticas estão associadas à ideologia da violência. Seus representantes jamais hesitam em declarar que a violência é necessária e legítima sempre que serve à consecução de seus fins. Portanto, a violência é uma ameaça constante à democracia e, assim, os esforços em defesa da democracia envolvem uma luta constante contra a violência.

Se é verdade que a escola, para poder cumprir sua missão, deve manter-se distanciada de idiossincrasias comunitárias, especialmente quando estas se mostram prejudiciais às exigências democráticas, ao mesmo tempo, contudo, deve educar a visão das crianças para que descubram e respeitem as diferenças culturais. A escola deve ser o local onde se eliminam os preconceitos que alimentam a discriminação contra os "outros", contra aqueles que pertencem a outra comunidade, outros povos, grupos étnicos ou religiões. Quando estereótipos de inimigo são passados para as crianças, isto significa que suas mentes, sentimentos e corpos já estão sendo preparados, já estão aprendendo a fazer a guerra. "Os estereótipos de inimigo", escreve Bernadette Bayada, "incitam a comportamentos hostis. Então, formando um círculo vicioso, estes se tornam autojustificados e dão a impressão errônea de verdade e certeza. A consequência mais violenta e destrutiva do estereótipo é que as vítimas se convencem de que são realmente inferiores. Os oprimidos se identificam com a imagem que se lhes apresenta deles".[12] Um requisito vital para a educação é, portanto, pacificar a noção que a criança tem dos "outros", principalmente daqueles cuja identidade social é marcada por diferenças. Sua percepção deve ser educada de tal modo a permitir que abandone toda a hostilidade em relação aos "outros que são diferentes", aprendendo a contemplá-los com um olhar cordial. "Como", pergunta o filósofo Michel Serres, "podemos nos tornar tolerantes e não violentos sem ver as coisas a partir do ponto de vista dos outros?"[13]

A necessidade de pensar com clareza

Tendo dado um lugar de honra à violência, as tradições que herdamos não reservam virtualmente nenhum espaço para a não violência e sequer sabem seu nome. A não violência é ainda uma ideia nova para a Europa e, na verdade, também para as demais partes do mundo ocidental. A própria palavra "não violência" dá margem a muita ambiguidade, mal-entendidos e confusão. A dificuldade inicial é o fato de que expressa oposição e refutação. Em nossas sociedades, governadas pela ideologia da violência necessária, legítima e honrada, aparece como uma palavra que vem recoberta de ambiguidade. E, no entanto, tem a vantagem crítica de compelir-nos a enfrentar as muitas ambiguidades da violência, que em geral somos tentados a esconder em prol de nossa paz de espírito pessoal. A não violência expressa um maior grau de realismo em relação à violência, ao invés de menor. Seu pleno escopo, profundidade e peso devem ser examinados.

É impossível definir a não violência sem antes esclarecer o que se entende por violência. É de suma importância apontar exatamente o que a não violência está refutando, a que ela se opõe e o que rejeita. Mesmo isto pode não ser suficiente. Temos ainda que especificar o que a não violência está tentando alcançar, o que procura afirmar, suas propostas e planos para o futuro. A palavra "violência" é inquestionavelmente uma das mais usadas no vocabulário escrito e falado de todos. Entretanto, examinando o significado que atribuímos à palavra, vemos que ela é empregada de maneiras muito diversas. Esta confusão linguística reflete uma confusão mental. Não é à toa que a dupla confusão contribua para a mútua incompreensão em discussões e tentativas de diálogo. E a incompreensão tende a aumentar quando nos aventuramos a falar de não violência. Assim, desde o princípio, um esclarecimento conceitual é de vital importância, pois nos permitirá chegar a um consenso sobre o sentido das palavras que usamos.

Para ilustrar a linguagem e o pensamento confusos que geralmente prevalecem em debates sobre a violência é bastante útil perceber, de um lado, as tentativas feitas para vilanizar a "violência" aos olhos dos jovens (que podem ser resumidas na frase "a violência é proibida"), e, por outro lado, os pensamentos sobre violência propalados por certos atores que afirmam possuir evidências psicológicas que comprovam sua assertiva de que "proibir a violência" seria uma total perda de tempo uma vez que a violência é "ambivalente", portanto existindo uma "violência boa" e uma "violência má".

Muito se tem escrito sobre a "violência na escola", e muitos *slogans* foram criados para incentivar os jovens a desistir dela: "não à violência", "violência não tem sentido", "diga não à violência", "violência não é vida", "a violência nunca é solução", "nunca combata a violência com violência", "o respeito é mais forte que a violência", "a violência não é inevitável", "chega de violência", "violência é injustiça para todos", "a violência sempre acaba em lágrimas", "a violência dificulta a vida", "amordace a violência: diga sim ao respeito", "violência rima com decadência", e assim por diante. Entendidos literalmente, estes *slogans* sugerem que a violência é intrinsecamente "ruim", que é sempre um "mal", nunca está certa, jamais justificada.

No entanto, muitos autores que abordam a questão da violência dão a entender que ela é inerente à vida, e que os que procuram erradicá-la estão iludidos. Daí o surgimento de frases como estas: "a vida requer violência", "a vida é violenta", "a vida precisa da violência", "a violência é parte da natureza humana", "o recurso à violência pode ser bom", "a violência nos faz sentir vivos", "há uma hierarquia da violência e precisamos discernimento para distinguir entre violência normal e violência patológica", "violência é sede de vida", "a violência traz tanto vida quanto morte", "os seres humanos precisam da violência, pois sem ela não há força vital", e outras de teor semelhante.

Os dois lados do debate são totalmente contraditórios e não ajudam os professores, ao contrário, os confundem. Portanto, o conceito de violência no uso corrente é confuso, incerto, indefinido, baralhado, vago, indecifrável e, em última análise, ininteligível. Esta confusão rouba ao conceito de "não violência" toda a sua relevância. O segundo conjunto de *slogans* acima contribui para manter a confusão total entre "agressão" – que de fato significa "força vital" – e "violência", que é uma "força a serviço da morte". A palavra "violência" precisaria, segundo nossa hipótese de trabalho, ser substituída pela palavra "agressão" nas frases do segundo grupo, para que tudo entrasse no seu devido lugar. Os *slogans* usados para vilanizar a violência aos olhos da juventude poderiam então ser entendidos literalmente. O conceito de não violência recupera assim seu significado e torna-se possível "mobilizar as pessoas para combater a violência".

Questionando o propósito da escola, Philippe Meirieu chega à conclusão de que ela serve para "fomentar a humanidade nos seres humanos". Esta expressão, contudo, levanta dúvidas quanto ao exato significado da palavra "humanidade". O próprio Meirieu afirma que:

> Na minha concepção, humanidade é basicamente tudo aquilo que se opõe à violência implacável de pessoas e coisas [...]. Assim, o fato de que a escola deve promover humanidade nos seres humanos me parece significar que sua responsabilidade precípua é a de permitir aos seres humanos encontrarem-se em outro espírito que não o da violência. [...] Pois não há nada acima ou na raiz da

rejeição da violência senão o fato de que a rejeição mesma da própria violência é expressão implacável de humanidade.[14]

O que o presente estudo procura mostrar é que os princípios e métodos da não violência, que permitem tal "rejeição da violência", são o que constitui a humanidade dos seres humanos, a coerência e relevância dos padrões morais baseados tanto nas convicções quanto no senso de responsabilidade. A "rejeição da violência" só pode ser significativa quando expressa através de uma "sede de não violência". É preciso deixar de ver a educação através do prisma distorcido da ideologia da violência e aprender a vê-la no espelho da filosofia da não violência.

Em termos etimológicos, a palavra "infante" significa aquele que "não fala" (do latim *infans, infantis*, um composto do prefixo negativo *in* e do particípio presente do verbo *fari*, "falar"). Educar uma criança pequena significa ensiná-la a falar, não tanto ensinando a língua-mãe, mas ensinando-a a falar com os outros. A fala é o fundamento e a estrutura da socialização, e está caracterizada pela renúncia à violência.

Naturalmente, conflito, violência e não violência são matérias mais difíceis de incluir no currículo escolar do que matemática, português e geografia. Não se trata somente de transmitir conhecimento, mas de ensinar às crianças sobre comportamento e modos de ser no mundo. Muitos professores dirão que isto está além de seu campo de competência e não é parte de sua obrigação. Contudo, a violência se faz presente nas escolas, e estes mesmos professores têm de conviver com ela diariamente. Ela impede que os professores ensinem e que os alunos aprendam. Assim, se quiserem ensinar sua matéria e fazer aquilo que entendem ser seu trabalho, os professores devem primeiro lidar com a "violência na escola".

Para esclarecer os conceitos que permitem a fundação e construção de uma filosofia da não violência, iremos nos distanciar propositalmente das questões específicas ligadas à educação. Adotaremos uma abordagem "geral" das noções de conflito, agressão, força, violência e não violência. Provavelmente, os professores lendo este livro estarão ansiosos para fazer a ligação com os problemas práticos que encontram todos os dias no exercício de seu ministério. No final das contas, cabe a eles descobrir e apreciar a relevância desta abordagem. Mas tal percepção não pode ser deixada a cargo da iniciativa pessoal somente. Os professores devem receber capacitação inicial no local de trabalho, que lhes permita questionar e adequar suas escolhas pedagógicas à luz da filosofia da não violência.

Quando chegar o momento de focalizar a organização da escola segundo valores democráticos, faremos o esboço de seus princípios fundamentais. Somente então procuraremos lançar uma luz sobre as dificuldades que os professores enfrentam no trabalho do dia a dia. Em seguida, apresentaremos os princípios e métodos que a não violência pode oferecer a eles no enfrentamento dos problemas.

Bem sabemos que os problemas com os quais professores e instrutores se defrontam diariamente são difíceis e complexos. Estas páginas não alegam que o simples fato de colocar o princípio da não violência no coração do projeto pedagógico conseguirá resolver tais problemas facilmente. Não é nossa intenção ensinar aos professores como realizar seu trabalho. Nosso único objetivo é incitá-los a olhar para suas práticas diárias à luz dos princípios e métodos da não violência. Talvez todos concordemos que, quando a não violência se torna possível, ela é preferível. E se é assim – se a não violência é preferível – então cabe a nós fazer tudo que podemos para torná-la possível. Este estudo não pretende ser nada mais do que uma exploração das possibilidades da não violência.

1. Conflito

No princípio há o conflito. Nosso relacionamento com os outros forma nossa personalidade. Eu existo somente em relação a outros. Minha existência individual como ser humano tem menos a ver com estar no mundo e mais com estar com os outros. No entanto, minha experiência de encontro com o outro tende a ser marcada por adversidade e confronto. Os outros são aqueles cujos desejos vão contra os meus desejos, cujos interesses conflitam com os meus interesses, cujas ambições se contrapõem às minhas ambições, cujos planos estragam os meus planos, cujas liberdades ameaçam a minha liberdade, cujos direitos limitam os meus direitos.

Medo dos outros

O aparecimento de um outro ao meu lado é perigoso, ou ao menos pode vir a ser. Não tenho ideia se será ou não e, justamente por isso, sinto que a situação encerra perigo. Os outros não desejam necessariamente me fazer mal, mas nunca se sabe. Por isso os outros, os estranhos, encerram meu futuro; eles me provocam um estado de insegurança. Os outros me preocupam, me assustam. Mesmo que não pretendam me fazer mal, eles me inquietam. Já de saída sinto-me oprimido pela proximidade do outro. Ele pode não me ameaçar, talvez queira apenas pedir ajuda. Mesmo assim, isto também significa problema. Meu medo dos outros é duas vezes maior quando não se parecem comigo, quando não falam a mesma linguagem, não têm a mesma cor de pele, não acreditam no mesmo Deus. Estes são os que mais me perturbam. Por que não ficam na casa deles, onde é o seu lugar?

É perturbador quando os outros entram no meu território. Estão invadindo minha área de tranquilidade, arrancando minha paz de espírito. Os outros, por sua própria existência, estão forçando entrada num espaço que conquistei para mim, como se ameaçassem minha própria existência. Não tenho escolha senão ceder lugar para eles, talvez até ceder o meu lugar.

O conflito sempre se resume a algum tipo de rivalidade pelo domínio de um território. Todos estão convencidos de que o sujeito ao lado quer "tirar o seu lugar". Nesse caso, o conflito só pode ser solucionado se os adversários, tendo percebido que há "lugar para dois", decidam pôr suas cabeças para funcionar juntas e encontrem, assim, alguma forma de arranjo territorial que permita a ambos "ter o seu próprio lugar". Trata-se de "transformar" o conflito de tal forma que permita uma mudança do confronto original entre dois adversários para um nível de cooperação entre dois parceiros, em que poderão chegar à solução.

Desejo mimético

René Girard desenvolveu uma teoria que lança alguma luz sobre os caminhos que levam seres humanos a se atarem em mútua rivalidade. O pensamento de Girard baseia-se na premissa de que tudo, ou quase tudo, no comportamento humano é aprendido, e que o aprendizado resume-se sempre à imitação.[15] Ele procura então desenvolver uma "ciência da humanidade" descrevendo "as modalidades propriamente humanas do comportamento mimético".[16] Contrário àqueles que veem a imitação como um processo voltado à harmonia social, Girard procura mostrar que trata-se basicamente de uma questão de oposição e antagonismo, de rivalidade e conflito. A questão central do comportamento mimético humano é a posse de um objeto, que suscita rivalidade porque vários membros de um grupo querem tê-lo ao mesmo tempo: se um vê o outro prestes a agarrar o objeto, ele ou ela ficam imediatamente tentados a imitar o gesto.[17] Segundo Girard, o conflito entre indivíduos brota originalmente de tal rivalidade mimética sobre a posse de um único objeto.

Os indivíduos sentem inveja quando outra pessoa possui um objeto que eles mesmos não possuem. A inveja, querer um objeto possuído por outro, é, portanto, uma das maiores fontes de conflito entre indivíduos. Já se pode vê-lo claramente no comportamento de uma criança pequena que deseja o brinquedo de outra criança. Pode haver muitos outros brinquedos à disposição, mas o único que aquela quer é o que ela percebeu como o objeto do desejo desta. Contudo, a questão central da rivalidade mimética não é tanto o objeto em si, mas a outra pessoa e meu relacionamento com ele ou ela. No fundo, o que realmente quero não é a posse do objeto, mas tomar posse do lugar que a outra pessoa ocupa.

O poder sobre os objetos gera poder sobre os outros. O desejo de posse está profundamente ligado ao desejo de poder. Ao competir pela posse de objetos, os indivíduos estão também lutando para afirmar seu poder uns sobre os outros. Portanto, há uma ligação orgânica entre propriedade e poder. O poder é frequentemente a questão central nos embates entre seres humanos. Naturalmente, todos têm de possuir o suficiente para suprir suas necessidades básicas (comida, abrigo, agasalho), assim como suficiente poder para assegurar que seus direitos sejam respeitados. Desejar propriedade e poder é legítimo até o ponto em que permite a um indivíduo atingir independência dos outros. Entretanto, os adversários em um conflito têm a tendência de sempre exigir mais. Nada é suficiente para eles, nunca ficam satisfeitos. Não sabem como refrear a si mesmos, não conhecem limites. O desejo exige mais, muito mais que a necessidade. "No desejo há sempre um sentido do ilimitado",[18] escreve Simone Weil. De início os indivíduos procuram o poder para não serem dominados pelos outros. Mas, se não usarem de cautela, logo estarão passando dos limites e tentando dominar os outros. A rivalidade entre seres humanos só pode ser suplantada quando cada indivíduo coloca um limite a seus próprios desejos. "Desejos limitados", observa Weil, "estão em harmonia com o mundo; desejos que contêm o infinito não estão".[19]

Fazendo um pacto

O conflito é o confronto entre os meus desejos e a realidade. Se procuro satisfazer meus desejos sem respeitar outras pessoas e suas realidades, minha vontade entra em conflito com a delas, e acabamos lutando para fazer o outro ceder. Se eu, contudo, permitir que um outro desejo – o desejo de viver em harmonia com o mundo e, acima de tudo, em bons termos com os seres humanos com quem convivo – perdure dentro de mim, então encontrarei a energia para tentar construir com os outros um relacionamento baseado em reconhecimento mútuo.

O indivíduo não pode fugir de uma situação de conflito sem abandonar seus direitos. Deve aceitar o confronto, pois é por meio do conflito que a pessoa consegue ganhar o reconhecimento por parte dos outros. O conflito pode ser destrutivo, é claro, mas também pode ser construtivo. É um meio para se chegar a um acordo, um pacto que satisfaça os respectivos direitos de cada adversário e, como tal, construa relacionamentos justos e equitativos entre indivíduos e dentro de uma mesma comunidade, ou entre comunidades distintas. O conflito é, portanto, componente estrutural de todo relacionamento com os outros e, assim, de toda vida social. No caso de duas crianças competindo por um mesmo brinquedo, a mediação de um adulto pode ajudá-las a solucionar o conflito por meio da realização de um pacto: ou decidem brincar juntas ou se revezam no uso do brinquedo. Desta forma estarão aprendendo sobre resolução construtiva de conflitos, na qual ambas as partes emergem como ganhadoras.

A vida comunitária sempre inclui algum conflito, mesmo que apenas potencial. A coexistência entre pessoas e entre povos deve tornar-se pacífica, mas jamais será livre de conflito. A paz não é, não pode ser e jamais será livre de conflitos. Mas ela gira em torno dos esforços para controlar, gerenciar e resolver conflitos através de meios diferentes da violência letal e destrutiva. Assim, a ação política deve se voltar para a resolução não violenta de conflitos (do latim *resolutio*, "desamarrar").

A visão pacifista, seja fundada na legalidade ou na espiritualidade, mostra-se equivocada e deriva para o idealismo quando estigmatiza o conflito e argumenta exclusivamente em favor de ação correta, confiança, camaradagem, reconciliação, perdão e amor. Nesta forma, trata-se de um voo fantasioso, muito distante do âmbito da realidade histórica.

Portanto, a não violência não significa um mundo sem conflitos. Sua finalidade política não é criar uma sociedade onde as relações humanas estejam baseadas somente na confiança. Tal sociedade só pode ser construída através de relações de proximidade, relações de seres humanos companheiros. Qualquer relação social com pessoas desconhecidas, "outros que eu não conheço", é geralmente um desafio e deve ser abordada com cautela. Assim, a vida em sociedade não está organizada com base na confiança, mas com base na justiça e no respeito pelos direitos individuais e coletivos que esta garante. A ação política deve estar voltada para organizar a justiça entre os diversos "outros desconhecidos". Envolve a criação de instituições e leis que ofereçam maneiras práticas de regulação social para lidar com os conflitos que podem eclodir entre indivíduos a qualquer tempo.

Encontrar um meio termo

Muitas vezes a busca de um compromisso ou acordo prepara o caminho para uma solução construtiva do conflito. Em primeiro lugar, permite que a violência já manifestada seja suspensa e a comunicação entre os adversários se estabeleça. A palavra compromisso vem do verbo latino *compromittere* (uma contração de *cum* "junto", e *promittere* "prometer") e expressa a ideia de empenho mútuo para cumprir um acordo idealizado a fim de solucionar desavenças.

A palavra acordo está "associada à ideia de um processo de negociação onde cada uma das partes faz concessões à outra a fim de resolver um conflito".[20] O objetivo final é criar concessões que sejam aceitáveis para os dois adversários, de modo que cada um entenda terem sido reconhecidos e respeitados seus direitos básicos. A arte de encontrar um bom acordo envolve idealizar concessões limitadas que maximizem as vantagens para um lado enquanto minimizam as desvantagens do outro – e vice-versa – para que possam encontrar um novo "modo de conviver". No campo da educação, a busca de acordos assume grande valor pedagógico, permitindo às crianças aprender a conciliar seus desejos, interesses e necessidades, e encontrar áreas de concordância caracterizadas por mútuo respeito e reconhecimento.

Da hostilidade à hospitalidade

No entanto, o conflito não deve ser visto como a regra em nosso relacionamento com os outros. Os seres humanos vivem plenamente sua humanidade não fora, mas além do âmbito do conflito. O conflito pode ser parte da natureza humana, entretanto somente até o momento em que seja transformado pelos seres humanos. O conflito pode vir primeiro, mas não se deve permitir que tenha a última palavra. Ele é o meio mais primitivo de nos relacionarmos com os outros, não o meio primordial. Ele existe para ser conquistado, superado e transformado. Os seres humanos que se esforçam para garantir que suas relações com os outros sejam pacíficas e despidas de ameaça ou temor estarão em paz consigo mesmos. Os seres humanos não devem se deixar levar para um relacionamento de "hostilidade" com aqueles que encontram, em que todos sejam inimigos de todos; devem antes buscar estabelecer um relacionamento de "hospitalidade", onde cada um é anfitrião do outro. É significativo que as palavras hostilidade e hospitalidade derivem da mesma raiz etimológica: as palavras latinas *hostes* e *hospes* referem-se ambas ao estrangeiro ou forasteiro, que pode ser excluído como inimigo ou acolhido como hóspede.

A hospitalidade exige mais que justiça. A justiça sozinha, ou seja, o mero reconhecimento dos direitos de um indivíduo ainda mantém seres humanos afastados uns dos outros. Desejar ser "respeitado" ainda significa fazer-se temido. "Ser respeitoso" ainda significa permanecer distante do outro. O respeito, por sua própria natureza, requer distância. Mas trata-se de uma distância saudável que dá a todos o espaço necessário para serem livres e independentes. Respeitar o outro significa buscar o grau certo de distância, para que as pessoas possam ver, reconhecer e identificar umas às outras sem fusão nem confusão; uma distância que possibilita suprir mais eficientemente as necessidades de alguém. Para formar uma comunidade humana, os seres humanos devem manter um relacionamento de duas mãos, baseado na dádiva e na partilha. É na bondade que reside a hospitalidade. Pois não devemos crer na assertiva de Nietzsche, de que a bondade não passa da impotência dos fracos. A violência é uma fraqueza, e a bondade é a força dos fortes.

2. Agressividade

A violência já recebeu tanto destaque na história humana que às vezes somos tentados a pensar que ela é inerente à natureza humana, que é "natural" para os seres humanos, e que, portanto, seria uma futilidade, uma afronta à própria lei natural, criar expectativas de não violência. Porém, na verdade, não é a violência que faz parte da natureza humana, mas sim a agressividade. Violência não é agressividade, apenas uma de suas expressões; e não é uma exigência da natureza que a agressividade seja traduzida em violência.

Os humanos podem se tornar seres racionais, mas primordialmente são seres instintivos e impulsivos. Os instintos são um feixe de energias; quando o feixe é amarrado de maneira apropriada, confere estrutura e unidade à personalidade individual, ao passo que, se estiver solto, o indivíduo perde estrutura e unidade. A agressividade é uma dessas energias. Como o fogo, pode fazer bem ou mal, destruir ou criar.

Assertividade diante do outro

A agressividade é uma força de combatividade. Ela é minha assertividade, um componente da personalidade que me permite enfrentar os outros sem fraquejar. Ser agressivo é ser assertivo diante do outro, ir em direção a ele. A palavra "agressão" vem do latim *aggredi*, cujos radicais *ad* e *gredi* lhe conferem o significado de "andar em direção a", "dirigir-se a". Somente num sentido derivado é que agressão ganha o significado de "ir contra" – pelo fato de que, na guerra, marchar em direção ao inimigo é marchar contra, ou, em outras palavras, atacar. Originalmente, portanto, a palavra "ad-gressão" não implica maior violência do que, por exemplo, a palavra "progresso", que significa "ir adiante". Mostrar agressividade é aceitar o conflito com o outro sem submeter-se à dominação do outro. Sem agressividade estaríamos constantemente fugindo de qualquer ameaça que os outros nos fizessem. Sem agressividade seríamos incapazes de vencer o medo que nos paralisa e impede de enfrentar nosso adversário, lutar para que nossos direitos sejam reconhecidos e respeitados. É preciso audácia e coragem para se mover em direção ao outro, já que este é sempre um movimento rumo ao desconhecido, à aventura.

O medo está presente dentro de cada indivíduo. A questão não é afugentá-lo recusando-se a reconhecer sua existência, mas, ao contrário, tornar-se consciente dele e esforçar-se para dominá-lo, domesticá-lo e superá-lo – sempre ciente de que esse esforço deverá ser constante e infinitamente renovado. No entanto, o medo não é motivo de vergonha, é algo humano. O medo é a emoção que sinaliza um perigo em potencial, que dispara nosso instinto de sobrevivência e nos mobiliza para nos protegermos. O medo é um aviso quando cruzamos terreno perigoso: "Atenção! Perigo!" Ele nos alerta e comanda a tomar medidas para enfrentar as ameaças. Contudo, se não soubermos como domesticá-lo, o medo pode se tornar uma armadilha plantada no coração dos humanos, às vezes desconhecida por parte daquele que a carrega: uma ansiedade, dor ou machucado que pode enraizar-se formando uma atitude de intolerância e hostilidade em relação aos outros. Um fator irracional passa então a tensionar as relações interpessoais, podendo até se tornar predominante. O medo talvez seja um mau conselheiro – tanto quando nos incita à submissão, como quando nos incita a violência. Desde a mais tenra idade, os pequenos seres humanos conhecem muitos medos e precisam ser educados para reconhecê-los, dar-lhes nome, expressá-los e superá-los. A companhia de um adulto e uma exortação que combine firmeza e gentileza, como "Não tenha medo!", fazem maravilhas quando se trata de acalmar a criança e torná-la mais confiante. Mas esta exortação não deve tentar negar o medo da criança, o significado deve ser: "Não é problema ter medo, mas não deixe que o medo o impeça de ter coragem ou de usar outras energias que também existem dentro de você".

Domesticar nosso medo, admitir e dominar os sentimentos que provoca, eis o que torna possível expressar nossa agressividade de maneira diferente da violência destrutiva. Tendo conseguido isto, a agressividade se torna o fator fundamental de nosso relacionamento com os outros, no qual o respeito pode substituir a dominação e a submissão.

O oposto da passividade

Nos tempos de hoje a passividade diante da injustiça é uma atitude mais generalizada do que a violência. A capacidade de resignação é consideravelmente maior que a capacidade de revolta. Uma das primeiras tarefas da ação não violenta é, portanto, a "mobilização", ou seja, levar as vítimas da injustiça à ação, estimulando sua agressividade para que sejam capazes de resistir e lutar, ou seja, provocar conflito. Enquanto os escravos se submetem a seu senhor não há conflito. Ao contrário, nessas ocasiões a "ordem" está em seu apogeu e a "paz social" prevalece, incontestada por quem quer que seja. O conflito só surge a partir do momento em que os escravos mostram suficiente agressividade para "ir na direção" de seus senhores, ousando olhar nos seus olhos e reclamar seus direitos. A não violência pressupõe a capacidade de agressão, e nesse sentido a não violência é o oposto da passividade e resignação, em vez do oposto da violência. Mas a ação não violenta coletiva deve permitir a canalização da agressividade individual de tal forma que ela não busque expressão na destrutividade violenta – que pode levar a mais violência e injustiça –, mas sim em medidas justas e pacíficas, adequadas à construção de uma sociedade mais justa e pacífica. No fundo, a violência não passa de uma perversão da agressividade.

A raiva que toma uma pessoa quando perde totalmente o autocontrole é um transbordamento da agressividade. Raiva é o que sentimos quando nossos planos são bruscamente interrompidos, quando colidimos com a realidade, quando sentimos um profundo senso de injustiça. Novamente, devemos domar nossa raiva sem rejeitar a agressividade nela contida, de tal forma que possa se expressar construtivamente. Deixá-la explodir com violência é sinal de fraqueza de caráter, não de força. "*Ira brevis furor est*", escreveu Horácio: "A raiva é um breve furor." E ele continua dizendo:

> Aquele que não aprende a dominar sua raiva irá depois se arrepender de agir sob a influência do ressentimento e da paixão, recorrendo à violência para satisfação imediata de sua ira desenfreada. [...] Governe suas paixões, pois elas governarão onde não forem governadas; mantenha-as sob controle; mantenha-as na coleira. [21]

Transformar nossa raiva em palavras que possam ser ouvidas e atos que possam ser entendidos, com determinação e coerência, é sinal de verdadeira inteligência emocional.

3. Violência

É importante estabelecer desde o início uma distinção clara entre "força" e "violência", caso contrário o uso de um ou outro desses termos corre grande perigo de perder o sentido. Se usarmos "força" para designar um poder que humilha, oprime, injuria e mata, não teremos uma palavra para significar uma força que não humilha, nem oprime, injuria ou mata. No momento em que os conceitos de violência e força são misturados, carecemos de palavras com as quais cogitar a existência de uma força não violenta.

No sentido moral, força é a qualidade de alguém que tem a coragem de recusar submissão à lei da violência. Nesse sentido, a pessoa forte não é aquela que possui poder e violência, mas aquela que consegue exercer autocontrole, que resiste e não é varrida por paixões pessoais nem coletivas, e que se responsabiliza por seu próprio destino. Desse modo, o oposto da força é aquela fraqueza que consiste na inabilidade de resistir à embriaguez da violência.

Essa "força de alma", essa força espiritual, não pode confrontar-se com a injustiça, pois as duas não pertencem à mesma esfera. Somente a força de uma ação organizada pode ter real eficácia para combater a injustiça e endireitar o que está errado. Portanto, é um engano tentar depreciar a "força" comparando-a com o "direito", já que na prática os direitos não têm outro fundamento senão a força, nem outra garantia. É característico do idealismo conferir ao direito uma força própria e especial, que atua na história e é tida como o verdadeiro fundamento do progresso. No entanto, a evidência aponta na direção oposta, mostrando que tal força não existe. Da mesma forma, é uma grande ilusão pensar que existe a "força da justiça", a "força da verdade" e a "força do amor", forças que por si conseguiriam constranger ou "forçar" os poderosos e violentos a reconhecer e respeitar os direitos dos oprimidos. Não; se estes querem ganhar a liberdade, devem se unir, mobilizar-se, organizar-se e agir.

Toda luta é uma prova de força. Num determinado contexto social, econômico ou político, todas as relações com os outros podem ser vistas como um equilíbrio de forças, e a injustiça como o resultado de um desequilíbrio dessas forças, no qual os mais fracos são dominados e oprimidos pelos mais fortes. A função da luta é criar um novo equilíbrio de forças no qual os direitos de todos sejam respeitados. Consequentemente, sendo o restabelecimento de um equilíbrio de forças, a ação em prol da justiça é algo que só pode ser realizado pela aplicação de uma outra força que imponha um limite à força que causou o desequilíbrio.

Não se pode sustentar uma posição contrária à violência sem antes restabelecer a força e dar-lhe seu devido lugar, reconhecendo plenamente sua legitimidade. Devemos simultaneamente rejeitar tanto o autodenominado "realismo", que justifica a violência como a base mesma de toda ação, quanto a autodenominada "espiritualidade", que se recusa a reconhecer a força como elemento inerente a qualquer ação. E já que a força existe somente na ação, não é possível denunciar a violência e lutar contra ela a não ser que ofereçamos um método de ação que, embora sem recorrer à violência do assassinato, seja capaz de estabelecer um equilíbrio de forças que garanta direitos.

Um processo de assassinato

O uso da agressividade, da força e de limites faz com que seja possível superar o conflito por meio da busca de regras que permitam dar a cada um dos lados da contenda o que lhe é devido. A violência, por outro lado, é um desregulador instantâneo do conflito, anulando sua função de estabelecer a justiça entre os adversários.

Voltemos à tese da rivalidade mimética de René Girard. Duas pessoas disputam o mesmo objeto, que se torna tanto mais desejável pelo fato de que o outro o deseja. Esses dois indivíduos, agora adversários, rapidamente esquecem do objeto em si para concentrar toda a sua atenção no rival. Eles brigam não para ter o objeto – que sai cada vez mais de cena e é esquecido –, mas para eliminar o rival. Podem até preferir a destruição do objeto a vê-lo tornar-se propriedade do outro. Sua contenda torna-se "pura rivalidade",[22] e desse momento em diante o relacionamento mimético entre os dois rivais fica dominado pela lógica da violência. "A violência", escreve René Girard, "é um relacionamento mimético perfeito e, portanto, perfeitamente recíproco". Um imita a violência do outro, "dando o troco" com juros.[23] Se a mediação de um adulto não obtiver um acordo entre duas crianças brigando pela posse de um brinquedo, os rivais rapidamente chegarão às vias de fato, mesmo arriscando quebrar o brinquedo.

A violência acontece quando uma pessoa se recusa a deixar que seu desejo seja circunscrito pela realidade, ou frustrado pela existência do outro. "Eu tenho direito", diz Simone Weil, "a tomar posse de qualquer coisa – mas os outros me atrapalham. Tenho de pegar em armas para eliminar os obstáculos de meu caminho".[24] A violência brota de um desejo ilimitado que colide com os limites impostos pelo desejo dos outros.

É fundamental definir violência como algo que não possa ser classificado como "bom". No momento em que dizemos ser capazes de distinguir a violência "boa" da violência "má", perdemos o uso verdadeiro da palavra e rumamos para a confusão. Assim que alegamos ter desenvolvido critérios para definir a violência supostamente "boa", cada um de nós encontrará uma maneira fácil de usar esses critérios para justificar os próprios atos violentos.

Essencialmente, a violência é negação: cada manifestação de violência, qualquer que seja sua magnitude ou propósito, pertence a um processo de assassínio, do qual a morte é o resultado implicitamente aceito. O processo pode não chegar até o fim, a transição para o resultado final não acontece necessariamente, mas a violência sempre busca a morte, a aniquilação de seu objeto. Paul Ricoeur ressalta:

> Não se iluda, o objetivo da violência, o objetivo que tem em vista, implícita ou explicitamente, direta ou indiretamente, é a morte do outro – no mínimo; ou talvez algo ainda pior.[25]

Cada ato de violência é um abuso perpetrado contra a humanidade do objeto dessa violência. Agir com violência é ferir, fazer o mal, fazer alguém sofrer. Mas agir com violência é também causar sofrimento a si mesmo, negando a si mesmo um relacionamento de mútuo reconhecimento de que toda pessoa precisa para existir. O desejo de eliminar nossos adversários – tirá-los do caminho, liquidá-los, trancafiá-los, suprimi-los – torna-se mais forte que a vontade de chegar a um acordo com eles. Dos insultos à humilhação, da tortura ao assassinato, as formas de violência são inúmeras, como são os tipos de morte. Comprometer a dignidade de alguém é, em si, comprometer a sua vida. Silenciar o outro já é um ato de violência, pois negar o direito à expressão é negar o direito à vida. Situações injustas que mantêm seres humanos em condição de alienação, exclusão ou opressão também são situações de violência, conhecidas como "violência estrutural".

É incorreto falar em "violência" como se ela existisse entre as pessoas, num certo sentido "fora" delas; ou como se fosse um agente independente, quando na verdade a violência existe e opera apenas por intermédio de pessoas. Existe sempre uma pessoa responsável pela violência.

Transformando um ser humano numa coisa

Se ao definir a violência nos colocamos no lugar da pessoa que a exerce, corremos o sério risco de nos enganar sobre sua verdadeira natureza, embarcando instantaneamente naqueles procedimentos de legitimação que justificam os meios através dos fins. Portanto, ao definir a violência, devemos primeiro adotar o ponto de vista da vítima. Nesse caso a percepção é imediata: envolve uma disposição mental que considera os meios empregados e não, como antes, o fim que se procura. Segundo Simone Weil, a violência "é aquilo que transforma em *coisa* qualquer pessoa sujeita a ela". "Quando ela chega às últimas consequências", explica mais adiante, "transforma a pessoa numa coisa no sentido mais literal: um cadáver". Mas a violência que mata é uma forma crua, sumária, de violência. Há outra violência, bem mais variada em seus procedimentos e surpreendente em seus efeitos, e esta é aquela que "não mata, ou melhor, que não matou ainda". Simone Weil é enfática:

> Ela matará no final, com certeza; ou talvez mate; ou ainda, ela pende como uma ameaça sobre a pessoa, pronta para matar a qualquer minuto; de qualquer forma, transforma o ser humano em pedra. Do poder de transformar uma pessoa em coisa pelo assassinato surge um outro poder, igualmente notável: o poder de fazer uma coisa a partir de uma pessoa ainda viva.[26]

Parece-nos que uma definição de violência poderia ser formulada usando o segundo imperativo dos *Fundamentos da metafísica dos costumes* de Kant:

> Agir de tal forma que se trate a humanidade, em sua própria pessoa bem como na do outro, sempre como um fim também, e nunca como simplesmente um meio.[27]

Segundo Kant, a base para esse princípio é que, diferentemente das coisas, que são meramente instrumentais ("meios"), as pessoas existem como fins em si mesmas. "Os humanos e todos os seres racionais em geral", afirma, "existem como fins em si mesmos, e não apenas como um meio que esta ou aquela pessoa pode usar como quiser; em todas as ações de um ser racional, seja em relação a si mesmo ou ao outro, qualquer outro ser racional deve sempre ser considerado também como um fim".[28] Assim, a pessoa que usa outros humanos como meros instrumentos está violando sua qualidade de ser humano e violentando o outro. Portanto, podemos definir violência dessa forma, aceitando a sugestão de Kant literalmente: ser violento é "usar a outra pessoa simplesmente como meio, ignorando o princípio de que as outras pessoas, como seres racionais, devem sempre ser consideradas também fins".[29]

O abuso da força

A violência, como ouvimos muitas vezes, é o abuso da força. Mas a afirmação esconde mais do que parece à primeira vista: a violência é um abuso em si. O próprio uso da violência constitui um abuso. Abusar de alguém é violar esse alguém. Toda violência contra um ser humano é uma violação: a violação do corpo, da identidade, da personalidade, da humanidade daquela pessoa. Toda violência é brutal, ofensiva, destrutiva e cruel. A violência sempre afeta o semblante, deformando-o em virtude do sofrimento infligido; toda violência é desfigurante, é despersonalizante. *A violência fere e marca a humanidade da vítima.*

Mas as pessoas não sentem apenas a violência que sofrem. Descobrem pela experiência que também são capazes de ser violentas com os outros. Ao refletir, ou voltar seu olhar para dentro de si mesmas, descobrem que são violentas. E a *violência fere e marca também o semblante do perpetrador*. "Desfechar o golpe ou recebê-lo", diz Simone Weil, "causam uma mesma mácula. O frio aço é igualmente fatal no cabo como na lâmina".[30] Portanto, quer pratiquemos a violência, quer sejamos vítimas dela, "seu toque petrifica de todas as formas e transforma uma pessoa numa coisa".[31]

4. Não violência

Foi Gandhi quem deu ao Ocidente o termo não violência, como tradução para o termo sânscrito *ahimsa*, que aparece com frequência na literatura hindu, jainista e budista. *Ahimsa* é um composto do prefixo negativo *a* e do substantivo *himsa*, que significa o desejo de ferir ou cometer uma violência contra uma criatura viva. *Ahimsa* é, portanto, o reconhecer, domar, dominar e transmutar o desejo por violência encontrado nos seres humanos, que os leva a querer eliminar, excluir, livrar-se de ou machucar seus semelhantes.

Se seguíssemos fielmente a etimologia da palavra, uma tradução de *a-himsa* poderia ser *in-nocência*, pois, de fato, as duas palavras têm etimologias análogas: inocente vem do latim *in-nocens*, e o verbo *nocere* (ferir ou causar dano) vem de *nex, necis*, que significa "morte violenta", "assassinato". Então, inocência, num sentido bem literal, seria o termo para designar alguém livre de qualquer intuito assassino ou violento em relação aos outros. Contudo, atualmente, o termo inocência evoca a pureza algo duvidosa de alguém que é inofensivo, mais por ignorância e inabilidade do que por virtude. A não violência não deve ser confundida com este tipo de inocência, mas a distorção do termo não deixa de ser significativa: é como se evitar fazer o mal revelasse apenas um tipo de impotência... A não violência é, na verdade, a inocência reabilitada, como virtude dos fortes e sabedoria dos justos.

A lei do egoísmo

Para Gandhi a não violência não é, em primeira instância, um método de ação, mas uma atitude; basicamente uma forma benevolente e generosa de olhar para nossos companheiros de humanidade, em especial os "outros": o estrangeiro, o estranho, o intruso, o importuno, o inimigo. Ao tentar definir a não violência, Gandhi oferece de início esta proposição: "A não violência perfeita é a total ausência de animosidade em relação a tudo quanto vive." Só então ele prossegue dizendo: "Em sua forma ativa, a não violência se expressa como cordialidade em relação a tudo que vive".[32] Portanto, o primeiro requisito da não violência é de negação: exige que deixemos de lado toda animosidade em relação ao nosso semelhante. Ora, formular a exigência nesses termos é reconhecer que existe na natureza humana uma inclinação a mostrar animosidade em relação ao próximo.

Mas, por que os humanos sentem-se tentados a serem violentos uns com os outros para início de conversa? A questão mais importante com a qual nos defrontamos como seres humanos é a de compreender esta inclinação, que é inerente à nossa natureza e nos leva, se não estivermos vigilantes, a mostrar animosidade e desejo de ser violento com o outro, ou desejar sua morte. Ao examinar a si mesmo quanto a esse pendor humano espontâneo em direção à animosidade, Kant concluiu que é determinado pelo egoísmo, no sentido de amor exclusivo por si mesmo, no qual o cuidado de si não deixa lugar algum para o cuidado dos outros. Quando agimos, "sempre nos defrontamos com nosso querido eu, que nunca deixa de aparecer no final".[33]

Quando dois indivíduos se encontram, cada qual desejando fazer que seus próprios desejos, necessidades e interesses prevaleçam, segue-se de modo inevitável um confronto, que tende perigosamente à violência. A violência é o choque entre dois egoísmos, a confrontação de dois narcisismos. Todos se lembram de Narciso, o jovem da história grega que, contemplando sua imagem na água, apaixona-se por si mesmo. A partir daquele momento ama exclusivamente a si e perde o interesse por todos os outros, exceto para desprezá-los. Por natureza, nós, humanos, somos espontaneamente invejosos no relacionamento com os outros e nunca cessamos de medir nossa própria felicidade pela comparação com a dos outros. O amor por si mesmo força o ser humano a constantemente comparar-se aos outros pelo desejo de sair-se melhor que eles.

A lei ética

Contudo, segundo Kant, a razão humana faz com que encontremos dentro de nós uma outra lei além daquela do egoísmo, e esta é a "lei ética". Como seres racionais, nós precisamos agir pela vontade para obedecer aos preceitos da lei ética. Esta lei reduz a zero os argumentos do egoísmo e rejeita suas exigências. A vontade deve, portanto, ser determinada unicamente pela lei ética, enquanto nossa inclinação natural ou primeiro impulso é o de formar a vontade segundo a lei do amor exclusivo por nós mesmos. A lei ética só pode ser sustentada à custa desta inclinação natural para o egoísmo. Assim, "a lei ética se apresenta primeiramente como *proibição*".[34] A característica que define o dever ético ao qual estão comprometidos os humanos é o desejo de mostrar cordialidade em relação aos outros, mesmo se nossos primeiros sentimentos tendam à animosidade.

A verdade da condição humana

A não violência gandhiana é um princípio: "Eu creio", diz ele, "no princípio da não violência".[35] Para Gandhi este é o princípio específico para buscar a verdade, afirmando categoricamente ser o único caminho que leva a humanidade em direção à verdade:

> Não violência e verdade estão tão intimamente ligadas que é impossível distinguir uma da outra e separá-las. São como as duas

faces de uma medalha, ou melhor, de um disco de metal liso e sem marcas: quem consegue distinguir um lado de outro?[36]

Mas quando Gandhi diz: "verdade e não violência são uma e a mesma coisa",[37] não está falando no âmbito das ideologias, mas no da filosofia, ou melhor, da espiritualidade, do pensamento e da sabedoria. Ao mesmo tempo em que afirma ser a não violência a verdade humana, Gandhi se preocupa em deixar claro que ninguém pode dizer que "possui" a verdade. "A perfeita não violência, enquanto se habita um corpo, é apenas uma teoria, como o ponto ou a linha reta de Euclides; mas precisamos nos esforçar nessa direção a cada minuto de nossas vidas."[38] Por isso Gandhi sempre se apresentava como um "buscador da verdade".

O ser humano – entre a razão e a violência

Dentre todas as definições de humanidade disponíveis, a de Éric Weil, das mais disseminadas, diz: "Os humanos são animais com razão e linguagem, ou, mais precisamente, linguagem racional".[39] Claro que os humanos não se expressam nem agem sempre de acordo com as exigências da razão, mas devem tentar fazê-lo se quiserem tornar-se plenamente humanos. É esse esforço humano para pensar, falar e viver racionalmente o que caracteriza a filosofia. No entanto, ao mesmo tempo em que nós, filósofos, optamos pela razão, tornamo-nos conscientes daquilo que, dentro de nós, nos impede de sermos racionais. Os filósofos não temem perigos externos, nem mesmo a morte, mas temem a "irracionalidade dentro de si mesmos".[40] Têm um "temor da violência".[41] Essa violência descoberta por filósofos dentro de nós, esse impulso em direção a uma atitude irracional é um obstáculo à realização de nossa própria humanidade. A violência interior é o que "está em desacordo com aquilo que nos faz humanos".[42] O filósofo teme a violência porque "é um impedimento a tornar-se ou ser sábio".[43]

Assim, o nosso aspirante a filósofo, mesmo no momento em que quer tornar-se racional, revela-se como uma criatura de necessidades, interesses, desejos e paixões e, como tal, naturalmente propenso a cometer violências contra os outros. Mas só descobrimos que somos violentos porque somos também dotados de razão. A violência só é compreendida por meio da reflexão; ou seja, depois de termos nos afastado de nossa própria violência. Só descobrimos e compreendemos a violência (em nós, mas também na sociedade e na história) porque "já temos a ideia da não violência".[44] Os humanos são violentos, mas compreendem que só são assim porque trazem dentro de si um imperativo de não violência, que é o próprio imperativo da razão. "A razão", escreve Éric Weil, "é uma possibilidade para os humanos [...]. Mas apenas uma possibilidade, não uma necessidade; e uma possibilidade oferecida a um ser que tem outra possibilidade diante de si. Sabemos que essa outra possibilidade é a violência".[45] Mas a violência não é apenas "a outra possibilidade" para os humanos, é "a possibilidade que se realiza em primeira instância".[46]

A escolha da não violência

Os humanos são, portanto, capazes de razão e de violência, e devem escolher entre essas duas possibilidades: "A liberdade escolhe entre a razão e a violência".[47] No entanto, os requisitos da filosofia nos levam a escolher a razão em detrimento da violência: "A violência, sentida violentamente", afirma de forma categórica Éric Weil, "deve ser expulsa *de uma vez por todas*".[48] Este é, portanto, "o segredo da filosofia":

> O filósofo deseja que a violência desapareça do mundo, mas reconhece necessidades e desejos, concorda que o ser humano é ainda um animal, mesmo que racional: o que importa é eliminar a violência.[49]

Isto posto, o filósofo pode proclamar uma regra ética – para si mesmo, mas também para os outros – que determine a atitude a ser tomada em todas as circunstâncias:

É correto desejar aquilo que diminui a quantidade de violência na vida humana; é errado desejar aquilo que a aumenta. [50]

Pelo fato de a razão ser uma característica que define a condição humana em si, tanto no indivíduo quanto em todos, "o principal dever (dos seres humanos éticos) é respeitar o elemento racional de todos os outros seres humanos, e respeitá-lo em si mesmo da mesma forma que o respeita nos semelhantes".[51] Disso decorre que deve proibir-se de cometer violência contra qualquer pessoa: "Não devem se esquecer [...] de que não têm o direito de desejar certas consequências (de suas ações), como, por exemplo, aquelas que transformariam pessoas em coisas". [52]

Alguém que elegeu a razão, para que a coerência de seu diálogo interno possa informar e transformar sua vida, submete suas decisões ao "teste da universalidade"[53]: "Cada pessoa deve agir de tal forma que seu comportamento e suas decisões possam ser considerados adequados para todos; em outras palavras, possam ser universalizados".[54] Ora, a "contradição primária", que destrói toda coerência entre o diálogo interno e a vida, é a que se coloca "entre a violência e a universalidade".[55] Por este motivo ninguém consegue fazer progresso na direção da universalidade exceto pela escolha da não violência, pois "esta é o universal".[56]

A violência permanece, contudo, uma opção para aqueles que escolheram a razão, a universalidade e, também, a não violência. O filósofo jamais chegará, portanto, ao fim de sua autotransformação por meio da razão. Além disso, e acima de tudo, aqueles que escolhem a razão o fazem num mundo onde os outros escolheram a violência; devem, portanto, empreender esforços também para educar esses outros para a razão e transformar o mundo para pôr um fim – na medida do possível – ao império da violência. Por esse motivo, "a não violência é o ponto de partida da filosofia, bem como seu objetivo final".[57]

Éric Weil, portanto, está tão convicto quanto Gandhi de que a violência só afasta as pessoas da verdade. "O oposto da verdade", escreve, "não é o erro, mas a violência".[58] Em outras palavras, erro é violência e, por conseguinte, qualquer doutrina que alegue defender a violência, tornando-a um direito humano, está essencialmente errada. No momento em que a violência ganha a cumplicidade intelectual na mente de alguém, ela já ditou suas regras, já venceu.

A história é testemunha, e a experiência diária confirma o fato de que a verdade se torna um veículo da violência assim que deixa de estar baseada no imperativo da não violência; pois se a verdade não acarretar a erradicação de qualquer suposta legitimidade da violência, então sempre poderemos chegar a um ponto em que a violência se oferece de modo natural como meio legítimo para defender a verdade. Somente o reconhecimento do imperativo da não violência permite que rejeitemos, de uma vez por todas, esta ilusão – a mesma propalada por todas as ideologias – de que recorremos à violência para defender a verdade.

"Não matarás"

Frequentemente se diz que "não violência" é um termo infeliz por tratar-se de uma negação e assim admitir uma série de ambiguidades, porém, na verdade, ambíguo é o nosso relacionamento com a violência. De fato, o termo levanta uma questão – mas esta é a questão certa: a questão da violência. Rejeitar o termo "não violência" é fugir da questão da violência. A questão é essencial e afeta o sentido mesmo de nossa existência. Mas é uma questão desconfortável, pois nos força a olhar de frente para nosso próprio histórico de cumplicidade com a violência. Este termo, "não violência", nos testa e nos coloca na berlinda: se o rejeitamos, recusamo-nos a aceitar o imperativo que o termo nos apresenta. Estamos nos esquivando dele.

A negação contida no termo "não violência" é decisiva, permitindo-nos remover toda a legitimidade da violência. Dentre todos os termos possíveis, este é o mais apropriado, o mais preciso e o mais rigoroso para expressar seu conteúdo: a rejeição de qualquer processo de legitimação que procure tornar a violência um direito humano. A escolha da não violência é a presença imediata em nossa existência daquele imperativo universal da consciência racional que se expressa pela proibição (também concebida em forma negativa): "Não matarás." Esta proibição do assassinato é fundamental, pois o desejo de matar está dentro de cada um de nós. O assassinato é proibido porque é sempre possível, e porque esta possibilidade é desumana. A proibição é imperativa porque a tentação é imperiosa, e, quanto mais imperiosa, mais imperativa deve ser a proibição.

A violência não é um direito humano

Os humanos são animais com uma mente jurídica, ou seja, precisam argumentar e justificar suas atitudes, comportamentos e ações, tanto aos seus olhos quanto aos olhos de outros. Mas, pelo fato de serem também animais violentos, tentam convencer-se de que a violência é um direito seu como ser humano. Os animais só são violentos do ponto de vista humano, uma vez que são incapazes de conceber atos de "violência". É verdade que o peixe grande come o pequeno, o lobo devora a ovelha. Mas os animais não são responsáveis por tais atos de "violência". Somente os seres humanos, dotados de consciência e razão, são responsáveis por suas ações – inclusive seus atos de violência. A violência é exclusivamente humana, porque também o é a razão.

Exclusiva, também, é nossa capacidade de usar o poder da razão a serviço de nossa violência, motivo pelo qual os seres humanos são as únicas criaturas capazes de mostrar crueldade com sua própria espécie. "Por vezes comparamos a crueldade humana à dos animais selvagens", observa Ivan Karamazov, de Dostoiévski, "mas isto não lhes faz justiça. As bestas nunca chegam aos requintes dos humanos".[59] *A violência não é sinal de bestialidade, mas de desumanidade*, o que é muito pior.

Quando fica claro que a natureza humana é simultaneamente predisposta à violência e à não violência, surge a questão: que parte de nossa natureza decidiremos cultivar, em nós mesmos, nos outros e especialmente nas crianças. A decisão a ser tomada envolve tanto uma escolha filosófica quanto educacional, e as duas são inseparáveis. Há uma ligação fundamental entre educação e filosofia. A cultura dominante de nossas sociedades ostenta uma retórica que condena a violência, é verdade. Mas ao mesmo tempo alimenta a violência, constantemente sussurrando à mente individual que, quando diante de um conflito, há apenas duas alternativas: a covardia ou a violência. A cultura de violência oferece assim ao indivíduo variados construtos ideológicos para justificar a violência, bastando que alegue estar defendendo uma causa justa. Segundo o dito popular (que no plano das relações internacionais passa por sabedoria), "os fins justificam os meios" – ou a defesa de uma causa justa justifica a violência. Além disso, "a" causa justa é, naturalmente, a "minha" causa, meus direitos, minha honra, minha família, minha religião, minha nação e assim por diante. Portanto, o princípio da "autodefesa" fornece a cada um de nós uma justificativa para a própria violência.

5. Democracia

Federico Mayor, que foi diretor-geral da UNESCO, diz que:

> A educação é o que dá a cada ser humano o autocontrole e os recursos para dizer "sim" ou "não" de acordo com sua avaliação pessoal. Esse autocontrole permite participação, e participação significa democracia. A educação é a pedra angular da cidadania. [60]

Na escola, as crianças devem ter espaço para praticar a democracia, devem ser empoderadas para usar esse espaço, que pode ser expandido à medida que os alunos forem crescendo. No entanto, esse aprendizado em democracia precisa permanecer sob a autoridade de adultos que estabeleçam limites e, em alguns casos, limites não negociáveis com as crianças.

Durante séculos, o princípio político organizador das sociedades foi o do comando e o da obediência dos indivíduos à autoridade. O poder do patriarca, chefe, príncipe, rei ou deus foi o alicerce dos vínculos sociais que garantiam a unidade do coletivo. Isso significa que a situação do indivíduo carecia de real autonomia; somente ao longo do curso de um demorado processo histórico é que as sociedades vieram a oferecer a cada cidadão a oportunidade de autogoverno, de se tornar livre e soberano. Esse processo é conhecido como ascensão da democracia. A própria ideia de democracia vem envolta em um manto de ambiguidade básica. Segundo sua etimologia, a palavra democracia significa "governo do povo, pelo povo e para o povo". Mas a palavra "democracia" tem um significado mais fundamental: um governo que respeita as liberdades humanas e os direitos humanos, aqueles de cada indivíduo e de todo o povo. É verdade que estas duas definições não são contraditórias, mas para chegar a uma verdadeira democracia um povo deve cultivar em seu seio o imperativo ético que é a base do ideal democrático. A democracia é uma aposta na sabedoria do povo; e infelizmente a sabedoria democrática dos povos nem sempre fez jus a todas as oportunidades políticas surgidas ao longo da história. Um povo pode tornar-se uma turba, e uma turba facilmente se deixa levar antes pela paixão que pela razão.

Governo de cidadãos

Efetivamente, a verdadeira democracia não é o governo do povo, mas dos cidadãos. A democracia foi concebida para ser o governo dos cidadãos, para os cidadãos e pelos cidadãos; e funda-se na cidadania de cada mulher e cada homem da cidade. É o exercício da cidadania que empresta uma dimensão pública à existência individual. Os seres humanos são essencialmente criaturas relacionais, capazes de se aliarem uns aos outros por meio de palavras e ações; atingem a plenitude somente por esse relacionamento, baseado em reconhecimento mútuo e respeito recíproco. Isto é o que possibilita a formação de uma sociedade fundada na liberdade e igualdade. O ideal democrático implica uma "igual" distribuição entre os cidadãos, não só de poder, mas de propriedade e conhecimento. Este é um ideal de perfeição e, embora tenha a grande desvantagem de ser inatingível, consegue indicar uma direção, criar uma base para a teoria educacional, e criar o impulso necessário.

O corpo político nasce quando as pessoas, reconhecendo-se como iguais e de natureza semelhante umas às outras, decidem unir-se e viver juntas; ou seja, falar e agir juntas para construir um futuro comum. Estes dois fatores: "falar juntos" e "agir juntos" constituem a vida política. O que inicia e estabelece a ação política é a discussão entre os cidadãos – discussão livre, deliberação pública, debate democrático, diálogo. Fundar uma sociedade é, literalmente, criar uma associação. Esta se expressa mediante uma constituição, um contrato social por intermédio do qual os cidadãos decidem sobre o projeto político que pretendem realizar juntos. O fundamento da política não é, portanto, a violência, mas seu extremo oposto: o diálogo humano. A marca do regime totalitário é a destruição de todos os espaços públicos nos quais os cidadãos têm a liberdade de falar e atuar juntos.

Portanto, a essência da política é o diálogo das pessoas entre si, e assim o sucesso da política é o sucesso desse diálogo. Pois a violência só aparece entre seres humanos quando o diálogo é interrompido – a violência sempre significa uma interrupção na política. A essência da ação política é a ação comum com os outros. Quando os indivíduos agem uns contra os outros, estão solapando as fundações mesmas do corpo político.

Quando os indivíduos de uma sociedade aspiram à liberdade e ao autogoverno insistindo sobre seus legítimos direitos, necessariamente surgem conflitos, razão pela qual a democracia é uma questão de conflitos. Assim, é importante que os conflitos que surgem entre os cidadãos não degenerem em confrontação violenta. Uma das principais tarefas da democracia é encontrar instituições capazes de regular tais conflitos de maneira construtiva, usando métodos não violentos.

Nas democracias representativas, a visão dos cidadãos tem muito pouca importância, exceto na época das eleições e, por vezes, referendos. O espaço público, no qual os cidadãos exercem seu direito de falar, tende a limitar-se à cabine de votação. Se a essência da democracia é a discussão pública, então nada é menos democrático que uma sociedade na qual o isolamento da cabine de votação é o único espaço onde o cidadão tem de fato a oportunidade de expressar-se. Evidentemente, nunca devemos subestimar o papel decisivo desempenhado pelas eleições livres na longa luta dos povos para se libertarem da tirania e do despotismo. A eleição livre é condição necessária, mas não suficiente para a democracia.

O estado de direito

A democracia alega que sua legitimidade está fundada na vontade da maioria, mas pode ocorrer que esta não esteja de acordo com o estado de direito. O princípio da maioria não garante o respeito pelo imperativo ético, que é a base da democracia, e uma maioria pode exercer uma ditadura mais impiedosa do que qualquer tirano. O que acontece quando a vontade da maioria quantitativa, ou seja, "a vontade do povo", vai contra a justiça e se assemelha à tirania? Para um cidadão democrata não há dúvida: o imperativo ético deve prevalecer sobre a vontade da maioria; o direito tem preponderância sobre a quantidade. Numa verdadeira democracia, o estado de direito é infinitamente mais importante que a obediência ao sufrágio universal.

O exercício da autoridade não deve ter como objetivo a sujeição de indivíduos, mas sim o esforço de educá-los para suas responsabilidades. A cidadania jamais deve basear-se na disciplina cega, mas na responsabilidade e, portanto, na autonomia pessoal de cada um. E isto significa que os cidadãos podem e devem apelar à sua consciência individual e opor-se à vontade da maioria quando esta motivar uma injustiça. Há uma virtude cívica na dissidência, aquela dissidência que se nega, em nome do ideal democrático, a submeter-se à lei da maioria. Diz Gandhi:

> A desobediência civil é o direito inalienável de cada cidadão; abrir mão dele é deixar de ser humano. [...] Descartar a desobediência civil é uma tentativa de aprisionar a consciência.[61]

A história nos ensina que a democracia já foi mais ameaçada pela obediência cega dos cidadãos do que pela sua desobediência. O poder estatal repousa essencialmente na obediência passiva dos cidadãos, motivo pelo qual a desobediência civil constitui o modo mais eficaz de resistir ao poder do Estado. Gandhi continua:

> Se as pessoas se dessem conta que é contrário à sua natureza obedecer a leis injustas, nenhum tirano do mundo seria capaz de governá-las. Este é o verdadeiro caminho da autonomia. [...] A escravização do homem durará somente enquanto durar a superstição de que as pessoas são obrigadas a submeterem-se a leis injustas.[62]

Assumindo o risco da desobediência

"É possível observar", escreveu Hannah Arendt, "que o instinto de submissão a alguém mais forte tem um lugar tão importante na psique humana quanto a vontade de poder; e do ponto de vista político talvez até mais importante".[63] No momento em que os indivíduos se veem fazendo parte de uma organização estruturada de maneira hierárquica, passam a correr o risco de perderem o essencial de tudo que conquistaram pessoalmente; sua vida intelectual, moral e espiritual pode sofrer uma regressão de grandes proporções. O indivíduo é colocado numa situação de dependência em relação a outros membros do grupo, e ainda mais em relação ao líder. Segundo Freud, "o homem não é um animal grupal como o gado, mas antes um animal de hordas, uma criatura individual dentro de uma horda liderada por um chefe".[64] E segue explicando: "O indivíduo abre mão do *ideal de si mesmo* em favor do ideal incorporado pelo líder".[65] Na submissão do indivíduo à autoridade há uma parcela de coação, resultado de pressões múltiplas, e uma parcela de consentimento, sendo dificílimo saber exatamente qual a medida de cada um desses fatores. A propensão individual à submissão é frequentemente reforçada por recompensas pela obediência e punições pela desobediência.

Os cidadãos escolhem a via fácil quando se submetem incondicionalmente ao Estado em troca de segurança pessoal e tranquilidade. Precisam ter a coragem de desobedecer ao Estado quando este os ordena a participar de uma injustiça. Escreve Gandhi:

> A desobediência civil é uma revolta, mas sem violência. Aqueles que se comprometem por inteiro com a resistência civil simplesmente não tomam conhecimento da autoridade do Estado. Tornam-se foras da lei que assumiram a responsabilidade de ir além das leis do Estado que vão contra a ética. Assim, eles podem, por exemplo, acabar se recusando a pagar impostos. [...] Aliás, eles se colocam numa tal posição que o Estado se vê obrigado a colocá-los na prisão, ou encontrar outros meios para coagi-los. Eles agem dessa forma quando entendem que a liberdade física da qual aparentemente desfrutam tornou-se um fardo insuportável. Seu argumento repousa no fato de que o Estado concede liberdade pessoal apenas na medida em que o cidadão se submete à lei. Esta submissão às decisões do Estado é o preço que o cidadão paga por sua liberdade pessoal. É portanto uma fraude trocar a liberdade pessoal pela submissão a um Estado cujas leis são totalmente, ou em grande medida, injustas.[66]

A desobediência à lei é, entretanto, a exceção que prova a regra da obediência. Diante da injustiça, o dever da desobediência é prescrito por uma lei não escrita, superior àquela da nação. Aqueles que praticam a desobediência civil contra uma lei injusta não questionam a necessidade da lei, sua intenção é lembrar a todos de que a lei não pode ter outro fundamento ou justificação que não a justiça. Longe de advogar a abolição de todas as leis, exigem o estabelecimento de uma outra lei, uma que não sustente mais a injustiça, mas que promova a justiça.

6. Mediação

Um dos métodos de regulação não violenta de conflitos que precisa ser incentivado é a mediação. A mediação é a intervenção de um terceiro que se coloca entre os protagonistas de um conflito, entre dois adversários (do latim *adversus*: alguém que se virou contra, que está em oposição), que podem ser dois indivíduos, duas comunidades ou duas nações que se enfrentam e se opõem uma à outra. O objetivo da mediação é trazer os protagonistas da adversidade à conversação (do latim *conversari*: voltar-se em direção a, convergir); ou seja, levá-los a se voltarem um para o outro a fim de dialogar, entender-se mutuamente e, se possível, encontrar um acordo capaz de abrir caminho para a reconciliação. O mediador tenta ser um "terceiro pacificador", cuja interposição visa quebrar o relacionamento binário – em que os dois adversários se confrontam às cegas numa conversa de surdos – para construir um relacionamento ternário, em que é possível conversar por meio de um intermediário. O relacionamento binário entre adversários consiste num confronto de discurso contra discurso, duas lógicas, dois processos de pensamento, em que não há comunicação capaz de permitir reconhecimento e compreensão mútua. A ideia é sair de um padrão competitivo de duas mãos para um processo cooperativo de três mãos.

Oferecendo um armistício

A mediação só pode acontecer se os dois adversários concordarem em envolver-se voluntariamente no processo conciliatório. Pode-se oferecer, sugerir e recomendar a mediação a eles – mas ela não pode ser imposta. Escolher a mediação representa, para ambos, compreender que a continuação das hostilidades só lhes trará desvantagens, e que ambos têm tudo a ganhar se tentarem encontrar uma maneira positiva de sair do conflito no qual se encontram mediante um acordo amigável. Adotar a mediação implica fazer um armistício (do latim *arma*, "armas", e *sistere*, "parar"): os dois concordam em desistir das hostilidades enquanto dura a mediação.

Novamente, o papel vital do mediador é facilitar a expressão e incentivar a escuta de ambos os lados a fim de restabelecer a comunicação, dirimir os mal-entendidos e permitir a compreensão mútua. A confrontação na presença do mediador serve para substituir a confrontação de dois monólogos (em que cada lado ouve apenas a si mesmo) pelo verdadeiro diálogo, no qual os dois ouvem o outro. Se as partes dispõem-se a persistir, pouco a pouco esse diálogo revela-se capaz de desatar os nós de contenção e encontrar um meio-termo que respeite basicamente os direitos e salvaguardas de ambos os interesses. Jean-François Six coloca a questão de maneira muito hábil:

> [O sucesso para o mediador é] permitir a esses dois, que estiveram tão distantes, uma aproximação, um movimento em direção ao meio, onde serão capazes de fazer o acordo sem que nenhum deles seja humilhado ou perca a razão.[67]

O sucesso da mediação pode tomar forma concreta num acordo escrito e assinado pelas duas partes. Este "tratado de paz" tem o valor de um pacto entre os signatários, e o mediador pode monitorar a obediência de cada um dos lados àquele acordo.

O "terceiro", o mediador, procura criar um "espaço intermediário", interpondo certa distância entre os adversários para que cada um deles dê um passo para trás em relação à posição anterior, em relação à outra parte e ao doloroso conflito. A criação desse espaço separa os adversários – assim como se separa um par de homens brigando – e essa separação viabiliza a comunicação. O espaço intermediário é um espaço para "re-criação", no qual os dois adversários podem descansar de sua luta e recriar seu relacionamento num processo mais pacífico e construtivo. Assim, a mediação visa criar um lugar dentro da sociedade no qual os adversários possam aprender – ou reaprender – a se comunicar, para que alcancem um acordo que permita a vida em comum, senão numa paz verdadeira, ao menos na forma de uma coexistência pacífica.

Ficando dos dois lados

Não é função do mediador julgar ou produzir um veredicto. O mediador não é um juiz que escolhe um dos lados, nem é um árbitro que determina o pagamento de perdas e danos de um contra o outro, mas um intermediário que tenta restabelecer a comunicação entre os dois para eventualmente reconciliá-los. O mediador não tem poderes para forçar um acordo nem impor uma solução aos protagonistas. O pré-requisito essencial da mediação é que a resolução do conflito seja principalmente obra dos próprios protagonistas. A mediação visa permitir aos adversários que tomem posse de "seu" conflito para que possam cooperar no sentido de enfrentá-lo, dominá-lo e resolvê-lo eles mesmos. O mediador é um "facilitador", facilitando a comunicação entre os adversários para que expressem seus próprios pontos de vista, ouçam um ao outro, compreendam um ao outro e cheguem a um entendimento.

Como salienta François Bazier, "fique do lado de um, depois fique do lado do outro; não seja imparcial".[68] Esta afirmação nos leva a rejeitar a ideia de "neutralidade" que é frequentemente usada para descrever a posição do mediador. Na verdade o mediador não é "neutro". Segundo sua raiz latina (*ne*, "não", e *uter*, "um de dois"), a palavra neutro significa "nem um nem outro, nenhum dos dois". Assim, no caso de um conflito internacional, um país neutro é um país que não se alinha com nenhum dos dois adversários, que não presta auxílio nem dá apoio a nenhum deles, ficando fora do conflito. Mas o mediador é exatamente alguém que fica do lado dos dois, dando apoio e assistência a ambas as partes envolvidas, e ficando primeiro do lado de um, depois do lado do outro: seu compromisso é com os dois, ele está duas vezes envolvido com os dois lados. Contudo, essa dupla parcialidade nunca é incondicional. Em cada ocasião trata-se de uma parcialidade com discernimento e justiça. Nesse sentido o mediador não é neutro, mas equitativo, procurando dar a cada lado o que lhe é devido. É assim que o mediador conquista a confiança dos dois adversários e fomenta o diálogo entre eles.

Deslindando o conflito

Em geral a mediação começa com encontros preliminares, em separado, com cada um dos adversários. Estes encontros permitem aos envolvidos expor seus pontos de vista num clima de confiança. O mediador não faz um interrogatório, mas coloca perguntas de maneira respeitosa com o objetivo não apenas de entender o ponto de vista daquele lado, porém, e acima de tudo, para reflexão e entendimento próprio em relação à sua atitude diante do conflito. Num certo sentido, os mediadores praticam a arte da maiêutica (do grego *maieutikê*, "a arte da parteira"), pois ajudam seus clientes a "darem à luz" sua própria verdade. A qualidade da escuta do mediador é fator determinante no sucesso da mediação. Uma pessoa que se sente ouvida está a meio caminho de sentir-se compreendida, e poderá então confidenciar em vez de apenas relatar os fatos (ou uma versão deles) e também, e até mais importante, transmitir sua experiência subjetiva. Para deslindar um conflito intrincado, não basta estabelecer a verdade objetiva dos fatos; é, sobretudo, necessário apreender a verdade subjetiva das pessoas envolvidas, inclusive seus sentimentos, desejos, frustrações, ressentimentos e sofrimentos. Dessa forma, todos os lados envolvidos tornam-se capazes de dar nome aos sentimentos que os motivam, e a escuta ativa do mediador por si só já exerce um efeito terapêutico que começa a sanar as dores de cada lado, diminuir os medos, acalmar a raiva e mitigar sua violência latente. Só então será possível desarmar a hostilidade nutrida contra o adversário.

Esses encontros preliminares têm a função de preparar os dois lados para aceitarem a ideia de embarcar no processo de mediação. Quando tiverem entendido e aceitado os princípios e regras da mediação, o mediador ou, geralmente, os mediadores, poderão sugerir um encontro.

7. Maus-tratos

O mundo da escola encontra-se na intersecção de três espaços: a família, a vida econômica e a política. A tarefa assumida pelos educadores – de formar uma criança – jamais deve basear-se na suposição de que o mundo escolar é um santuário. É inútil construir muros altos em volta da escola para proteger as crianças dos perigos externos. E, no entanto, o mundo da escola deve ter fronteiras bem definidas, a fim de proteger seu caráter especial. Idealmente, as práticas pedagógicas em cada um desses espaços deveriam ser todas fundadas nos mesmos princípios e nos mesmos valores. Mas na realidade as coisas facilmente se desviam para bem longe desse ideal, acima de tudo quando visamos basear nosso plano educacional nos princípios da não violência. A criança pode encontrar situações de violência dentro da própria família, ou na vizinhança. As crianças que vêm à escola trazem consigo todos os problemas que encontram alhures. É claro, não se espera que os professores resolvam todos esses problemas endireitando o que está errado na família e na sociedade – mas, ao mesmo tempo, não podem deixar de reconhecer que existem. Se não na escola, onde as crianças poderão encontrar adultos que ouçam e atentem para as dificuldades que enfrentam na família e na vizinhança? Sempre que possível, portanto, os professores devem estabelecer um modo de trabalhar com os pais e pessoas com responsabilidade social.

Hoje é fato comprovado que a maneira como as crianças são tratadas pelos mais íntimos durante sua infância afeta de modo marcante a atitude com que se aproximarão e tratarão os outros quando forem adultas. Ora, o abuso ou maus-tratos contra as crianças é uma das categorias de violência mais disseminadas nas nossas sociedades. No mundo inteiro as crianças são surradas ou espancadas pelos pais – é incrível que nas sociedades democráticas o castigo corporal seja proibido na escola, mas não, em geral, na família. A punição corporal – tapas, surras, reguadas – aplicada contra crianças é considerada um instrumento legítimo na criação, usada "para o bem das crianças". Via de regra se entende que o pai ou guardião que bate numa criança está apenas oferecendo um "bom" corretivo. "Poupar a vara é estragar a criança", diz um ditado popular. Mas é urgente que se acabe com essa tradição, pois ela é responsável pelos sofrimentos infligidos à criança que são, além de escondidos, negados. Todas as nossas sociedades ainda estão em fase de "negação" quando se trata do sofrimento infantil. Os pais, e todos os outros responsáveis por sua formação, são exonerados de culpa pelos atos de violência praticados contra as crianças, enquanto a culpa recai nas próprias crianças. Dizemos que elas é que são "terríveis" ou "levadas".

Traumas graves

Na realidade, a violência praticada contra a criança causa traumas graves, que deixam marcas duradouras em sua vida afetiva e psicológica. As primeiras relações que a criança tem com as pessoas mais próximas e mais queridas contribuem de forma decisiva para a construção de sua identidade e em grande medida prenunciam o relacionamento que estabelecerá, mais tarde, com os outros. A criança que experimenta a violência muito provavelmente se tornará um adulto violento. A criança que é desprezada e negligenciada corre sério risco de tornar-se incapaz de respeitar os outros. Tais crianças tenderão a tratar os outros como elas mesmas foram tratadas, como que por vingança pelo que foram obrigadas a passar. Não estão condenadas a ser violentas, mas ficam predispostas a isso – e, portanto, podem facilmente ser levadas ao mau caminho por ideologias que ensinem o desprezo pelos outros, sendo presas fáceis da propaganda que incita ao assassínio.

Se, por outro lado, a criança é respeitada e amada pelas pessoas que a cercam, fica predisposta a respeitar e amar os outros, como que por gratidão – e tem, portanto, maiores chances de encontrar dentro de si a força para resistir à tendência generalizada no sentido do desprezo, da raiva e coisificação do outro.

Evidentemente, a criança já é um ser com necessidades, impulsos e desejos. A natureza infantil é uma versão incipiente do que será a natureza humana adulta e, por natureza, os humanos são tão inclinados ao mal quanto ao bem, capazes tanto de generosidade quanto de malícia – e precisamente nesta ambivalência é que encontramos a liberdade humana e, portanto, a responsabilidade humana. A inclinação natural para o mal e também a natural disposição para o bem não resultam, unicamente, do tratamento recebido pela criança. A inclinação do adulto para a violência não é apenas sequela do trauma infantil, e na verdade não se pode afirmar que a criança é totalmente "inocente". O argumento inverso é igualmente insustentável: se a criança for amada e respeitada por seus pais, estará de certa forma programada para fazer o bem e não terá nenhuma inclinação para o mal. O mistério do mal, que transforma a condição humana naquilo que os gregos chamavam de tragédia, ou seja, um destino inevitável – tal mistério não pode ser explicado tão facilmente assim.

Mesmo que a criança tenha sido muitíssimo amada e respeitada, o adulto resultante é um ser com apetites, desejos e vontades, e sempre lhe parecerá difícil transcender esses fardos da natureza humana, difícil encontrar forças para mostrar um espírito generoso em relação aos outros. As ideologias baseadas na exclusão do "outro" encontram em cada indivíduo uma cumplicidade natural, profundamente enraizada nos "impulsos" daquele indivíduo.

Para estruturar sua personalidade, as crianças precisam encarar a autoridade dos adultos que colocam limites e estabelecem proibições. Mas esta autoridade perde o rumo quando tenta afirmar seu poder através da violência, seja na forma de golpes físicos, seja na forma de humilhação. A violência não é educativa e representa, em si, um retrocesso do ponto de vista pedagógico. Este deve ser um princípio inviolável: bater numa criança sob pretexto de bem educar é algo inadmissível, bem como sujeitá-la a tratamento humilhante. Erradicar a violência contra as crianças é um verdadeiro desafio, que coloca o próprio futuro da humanidade em jogo.

O dever de denunciar

A criança que é agredida em casa vem para a escola exibindo o trauma e o sofrimento advindos dessa agressão, e os dois repercutem necessariamente sobre seu comportamento. A escola tem um papel primordial a desempenhar na detecção de casos de abuso contra crianças. Na França, um edital de 15 de maio de 1997 estabelece que:

> O sistema educacional nacional tem uma função vital nesse campo. Seus funcionários estão em contato constante com as crianças e têm o dever de vigilância; devem estar capacitados para detectar os indicadores de agressão, maus-tratos e abuso sexual, e devem saber como agir quando tais casos ocorrerem. Também é tarefa da escola contribuir para a prevenção desses casos, adotando medidas para garantir que as crianças sejam adequadamente informadas.

Faz parte desse procedimento o dever do professor de denunciar tais violações, e, em caso de negligência, pode sofrer processo legal por omissão de socorro.

Esta orientação coloca princípios claros e simples. No entanto, sua aplicação revelou-se extremamente complicada. Diante de uma criança cujo comportamento parece mostrar sintomas de abuso, o professor pode ter suspeitas, mas sente muita dificuldade para chegar a uma certeza. Crianças com histórico de abusos em geral não falam. Vergonha, medo ou culpa as silenciam. Quando questionados por adultos, negam tudo e protegem suas famílias. Além disso, os professores evitam fazer uma denúncia que terá consequências gravíssimas para a família em questão. No entanto, em casos emergenciais, quando está evidente que a criança corre sério risco de dano mental ou físico, e após criar um plano de ação com um médico e um assistente social, entram em contato com as autoridades legais para que possam fornecer a proteção devida.

8. Delinquência

A escola não pode ser vista como um local isolado do cenário urbano que a circunda. Parte da violência que ocorre na escola é importada. A criança que vem para a escola traz consigo todos os problemas experimentados com a família e a vizinhança, e é inútil fingir não perceber esse fato. A comunidade escolar é, portanto, diretamente afetada pela delinquência na qual seus alunos estão envolvidos fora dos portões da escola.

A delinquência provoca um colapso do tecido social, mas frequentemente ela já é uma consequência de tal colapso. No momento em que um indivíduo, em especial o jovem, deixa de encontrar um lugar onde lançar raízes na sociedade, quando não acha meios de estruturar sua personalidade ou dar sentido à sua existência, acontece um colapso entre a sociedade e aquele indivíduo. Se a carreira escolar for também malsucedida, há grande risco de que o desemprego some-se aos outros problemas, dando-se assim uma eficaz negação da cidadania. O indivíduo se vê preso nas engrenagens e passa por uma crise de identidade. Uma consequência específica da privação de cidadania é o comportamento antissocial.

"Sou violento, logo existo"

A violência pode apresentar-se como a última forma de expressão para aqueles a quem a sociedade negou todas as outras. Ela parece ser o último recurso dos indivíduos privados de toda e qualquer participação na vida da comunidade, e em tais casos representa uma vontade de viver: "Sou violento, logo existo." Aqueles que não conseguem manter nenhum laço com a sociedade ficam sem oportunidade de comunicar-se com os outros, exceto com os que se encontram na mesma situação. Assim, formam uma gangue às margens da sociedade e não sentem qualquer motivação para obedecer às leis de uma sociedade que deixou de respeitar seus direitos.

Quanto mais a violência for proibida pela sociedade, mais valiosa se tornará quando se tratar de exigir reconhecimento, já que irá representar a transgressão de uma ordem social que não mais merece respeito, e o objetivo da pessoa violenta é precisamente essa transgressão. Para alguém excluído e desprovido de reconhecimento pela lei, a violação da lei oferece o meio mais certeiro de obter reconhecimento. Além disso, a violência da transgressão confere um prazer malévolo e verdadeiro divertimento à medida que destrói os símbolos de uma sociedade injusta e esfacela os atributos de uma ordem odiada.

Portanto, a violência exerce um fascínio para aqueles que sentem a frustração e a humilhação de serem excluídos. Para eles, é uma tentativa desesperada de reconquistar o poder sobre suas próprias vidas, que lhes foi roubado. Este é, em sua forma degenerada, desviada e desajeitada, um meio de acesso a uma espécie de transcendência, e qualquer tentativa de "moralizar" a esse respeito está fadada ao insucesso.

A necessidade de limites

Ao mesmo tempo, devemos entender essa violência como provocativa, ou apelo (a etimologia da palavra "provocação" é a forma latina do verbo *provocare*, formado por *pro*, "antes", e *vocare* "chamar"). A violência tem suas raízes na dor e sua função é a de um pedido de socorro. A violência é aquilo que não consegue falar, mas consegue ao menos dar um grito. É preciso ouvi-lo em vez de condená-lo. Se ouvíssemos de fato dificilmente teríamos tempo para condenações. O necessário, portanto, é estarmos prontos a responder a esse apelo, pois em última instância a violência é a expressão do desejo de comunicar-se, da necessidade de diálogo. Os que lançam mão da violência estão rejeitando uma sociedade que os rejeitou, e é tarefa da sociedade ouvir seu apelo.

Esforçar-se para compreender não significa que "vale tudo". Ao contrário, entender a violência é também proibi-la. Esta violência é sinal de que aqueles que se entregaram a ela não foram capazes de encontrar limites; estão simultaneamente pedindo para que lhes sejam impostos limites. As crianças e os adolescentes precisam enfrentar os limites estabelecidos pela autoridade dos adultos, pois estes limites, que são também marcos, oferecem a eles a segurança tão necessária para que consigam estruturar sua personalidade. A ausência de limites os mergulha em ansiedade, e a ansiedade gera violência.

A resposta à violência deve, em consequência, ser uma tentativa de restabelecer a comunicação, e a pior reação seria a de responder violência com violência, o que equivaleria a uma confissão assustadora de impotência por parte da sociedade. Devemos responder à violência pondo em prática estratégias não violentas para criar espaços onde seja possível um encontro, espaços onde mediadores possam restaurar a comunicação entre sociedade e excluídos. Então será possível fazer prevalecer o respeito pela lei. Mas os adultos só conseguirão demarcar os limites novamente se eles mesmos exibirem uma atitude não violenta. Medidas de coação com alguma privação de liberdade não devem ser de todo descartadas: elas podem ser necessárias nas emergências graves, evitando o pior no curto prazo; mas não são soluções para o problema.

Colocando a violência em palavras

Se a violência é a expressão de algo que não conseguiu ser dito, então, caso a pessoa violenta consiga colocar sua violência em palavras, já terá meio caminho andado para dominá-la e transformá-la. A palavra nos salva da violência, e o objetivo do mediador deve ser permitir ao transgressor e ao excluído reconquistar a posse de sua própria vida por meio da palavra. Falar funciona. Colocar algo em palavras – verbalizar nosso sofrimento, medos, frustrações e desejos – é ganhar a distância que nos permite domar a situação por intermédio da reflexão.

Desse modo, é necessário criar pontes entre a instituição educacional e a comunidade para que, na medida do possível, as crianças sejam educadas em um único mundo. Para tanto, os educadores devem trabalhar em conjunto com os vários indivíduos e as organizações que desempenhem algum papel no bairro, particularmente aqueles que tenham um papel social de mediação. Quando uma contravenção é praticada dentro da escola, evidentemente é aconselhável chamar a polícia e notificar as autoridades legais competentes. Mas mesmo nesse caso é preciso que se evite cair num modo meramente repressivo de pensamento, procurando ser coerente com o projeto pedagógico adotado pela escola. Assim, é indispensável considerar todas as possibilidades de mediação ao lidar com contraventores. Salienta Jean-Pierre Bonafé-Schmitt:

> A mediação representa uma nova forma de ação conjunta, que pede um rearranjo das relações entre o Estado e a sociedade civil, e o estabelecimento de um novo terreno comum para a regulação das relações sociais.[69]

Um professor atento detecta desde a escola primária o comportamento de uma criança que vai indo na direção da "delinquência juvenil". Tal comportamento não deve "passar em branco", como se os adultos não percebessem, fingindo acreditar que se trata de "uma fase passageira". É bem mais provável que seja na verdade um "primeiro estágio", sendo importante frear o processo na fase inicial para prevenir a violência que mais tarde poderá desencaminhar o adolescente. O comportamento antissocial na infância [70] – grosseria, agressão verbal, comportamento provocativo – já é um indício de rompimento dos laços sociais e representa uma porta aberta para a delinquência.

9. Educação em cidadania

O ensino na escola é dirigido a crianças que, de saída, não a escolheram e estão ali, num certo sentido, "sob pressão e à força". Este fato, por si mesmo, já faz com que ir à escola seja experimentado como uma "violência" imposta por um sistema que exige submissão. O aluno está ali para "aprender", ou seja, "receber" o conhecimento que lhe é administrado. Para ser um "bom" aluno, a criança deve "aprender a lição" e "fazer o dever de casa". Impingimos a esses alunos obrigações que muito poucos adultos suportam. Para ter sucesso a criança deve "trabalhar", ou seja, "fazer esforço". Isso significa "sofrimento" – e ainda por cima consciente de que um desempenho fraco trará punição. A criança, portanto, não só é "forçada" a aprender e trabalhar, mas também sente a obrigação de ter sucesso. Não é verdade que os professores procuram "inculcar" conhecimentos que os alunos chamam de "matéria"? E "inculcar" não significa "forçar para dentro", ou, mais precisamente, "forçar para dentro com o salto do sapato" (do verbo latino *inculcare*, que vem de *calx*, *calcis*, "salto")? Há nesse aprendizado um elemento irrefutável de constrangimento, da forma como é experimentado pela criança.

Michel de Montaigne denunciou exaustivamente os métodos de instrução intensiva aos quais eram submetidos os alunos, exclamando revoltado:

> Nossos ouvidos nunca estão livres da sua falação, despejam sua erudição para dentro de nós como que por um funil, e só o que devemos fazer é regurgitar o que nos foi gritado.[71]

Dentro dessa visão, o pedagogo que visa apenas fazer a criança aprender as lições para recitá-las de cor está passando ao largo de sua função, que não é tanto exercitar a memória do aluno quanto fazer florescer sua inteligência. Montaigne insiste:

> Não é conhecimento aquilo que sabemos de cor, é apenas arquivar o que foi consignado à memória. O que de fato se conhece está a nosso serviço sem que seja necessário tornar os olhos ao livro. [72]

O educador deve ambicionar não apenas instruir, mas educar a criança:

> Que haja perguntas não apenas sobre as palavras da lição, mas também sobre o sentido e a substância; e que os benefícios dessa prática sejam avaliados, não pelo testemunho da pronta memória, mas pela vida levada a partir daquele momento. [73]

O "mau aluno"

Para o "mau aluno", cuja carreira escolar cambaleia, a escola e suas limitações são uma experiência ruim, e ele sofre uma profunda sensação de injustiça. Chamar uma criança de "mau aluno" é rotulá-la de "má criança". "Esse poderoso histórico antropológico", salienta Bernard Lempert, "marca aquele que passa por dificuldades, o sofredor, como o portador do mal".[74] Tratar uma criança dessa forma é fazer um juízo de valor que a encerra numa autoimagem negativa, provocando humilhação e culpa. Seguindo o mesmo raciocínio, Bernard Lempert denuncia a confusão entre incorreções e erros. De fato, por que falamos em "ortografia errada", quando se trata de uma incorreção técnica de nenhuma consequência? A criança que não consegue soletrar uma palavra como os adultos insistem que seja soletrada não está de maneira alguma "errada"; apenas quebrou uma regra gramatical, não uma regra moral. A incorreção pode ser corrigida, mas o aluno não deve ser censurado.

Dentre todos os lugares, a escola é o lugar onde se deve reconhecer o "direito de errar". "Ali", observa Émile Chartier Alain, "cometemos erros e tentamos novamente; ali errar uma conta nunca arruinou ninguém".[75] Aprender é corrigir nossos erros. *Errare humanum est* não só significa que errar é humano, como também que é "humanizador": corrigindo nossos erros é que aprimoramos nossa humanidade, e o processo de compreender um erro ilumina e organiza nosso intelecto. Punir o erro é um abuso daquele que está certo e uma negação da justiça; e tanto pior porque a nota, dada como castigo, é infligida em público, de forma que todos os outros alunos ficam sabendo. A criança tem o direito de não compreender algo, o que revela que uma explicação melhor deve ser dada. Alain continua:

> Evidentemente, o caminho mais fácil é ater-se a um julgamento sumário: "Essa criança não é muito esperta". Mas isto é justamente o que não se deve fazer. Ao contrário, há uma culpa grave, mas por parte do adulto: trata-se de uma injustiça fundamental.[76]

Através do "fracasso escolar" essa instituição, que deveria ser o lugar ideal para a socialização, acaba contribuindo para a exclusão social, sendo a seleção na escola um dos fatores preponderantes na geração de divisão social.

O desafio dos professores é fazer as crianças entenderem que o estudo "vale a pena", instilando nelas o "desejo de aprender" para que possam apossar-se das matérias oferecidas e assim finalmente sentirem o "prazer de entender", conhecerem a imensa alegria das conquistas intelectuais. As crianças tornam-se então perfeitamente capazes de perceber que a transmissão de conhecimento pelos adultos é um estágio essencial na construção de sua própria personalidade, e nesse ponto fica possível reduzir a "violência institucional" imposta pela escola ao aluno.

Instruir e educar

Qualquer proposta educacional completa deve ser organizada em torno de dois elementos centrais: a instrução e a educação. Instrução é a transmissão dos componentes do conhecimento: ela se preocupa com fatos e sua meta é a objetividade. Instruir é dar informação científica ou técnica, e focaliza essencialmente aquilo que é útil: sua função é utilitária, transmitindo conhecimentos que tornam possível o saber fazer. Mesmo sendo de grande utilidade, as disciplinas técnicas não têm nada que ver com os valores que dão significado à vida. Aquele conhecimento não nos prepara mentalmente para lidar com a violência, o sofrimento ou a morte; nem nos ajuda a chegar à não violência, à generosidade ou à felicidade. Quando se trata de descobrir como viver, a ciência, falando genericamente, oferece pouca ajuda.

O verbo educar significa etimologicamente "trazer para fora" (*e-ducare*, de *ducere*, "liderar"). Na antiga Grécia, o pedagogo era um escravo que levava a criança de casa para a escola comunitária (a palavra grega *paidagôgos* vem de *pais*, *paidos*, "criança", e *agein*, "liderar"). Esse passo educacional, essa jornada pedagógica que leva a criança para fora da família a fim de chegar à escola, é uma boa expressão para o propósito da educação: transmitir ao aluno os valores morais que conduzem à boa cidadania. A escola é um espaço intermediário, um lugar de transição entre o círculo familiar e o amplo mundo lá fora. Depois que a família fez o melhor que pôde para garantir a segurança emocional da criança, é um dos deveres da escola oferecer-lhe a oportunidade de descobrir a sociedade dos outros e a convivência com eles. A escola é, portanto, um lugar especial para a socialização cívica e política. A escola não é o mundo, mas a educação deve preparar a criança para viver no mundo; e num primeiro momento deve proteger a criança do mundo.

A educação deve ter como principal ambição o preparo das crianças para se tornarem filósofas e cidadãs. Depois haverá tempo suficiente para fornecer o conhecimento profissional que permitirá a elas se tornarem trabalhadores. Educar é transmitir valores que carregam significado. Neste ponto não devemos nos deixar levar por grandes palavras, mas ousemos dizer que educar é permitir à criança construir sua *humanidade*. Diz Alain:

> Nossas crianças, todas têm a ambição de se tornarem seres humanos adultos; não devemos decepcioná-las de jeito nenhum.[77]

A única maneira de evitar a decepção é capacitá-las para atingirem a liberdade. Educar é essencialmente educar para a liberdade. Devemos reconhecer que as dificuldades são imensas, a começar pelo grande paradoxo da educação: educamos nossos jovens para a liberdade enquanto os submetemos não apenas à nossa influência, mas também às nossas imposições. Pois a educação é imposição, e a liberdade é conquistada não através da submissão à imposição, mas através da superação desta. Como diz o senhor da *Cidadela* de Saint-Exupéry:

> Isto me parece impossível entender, essa distinção entre imposição e liberdade. [...] Você chama de "liberdade" o direito de vagar pelo vazio? [...] Acaso a criança triste que vê as outras brincando não anseia acima de tudo pela imposição – "eu também!" – das regras do jogo, pois somente estas são o meio de tornar-se?[78]

Mas não basta sugerir que nem todas as imposições são formas de violência, é preciso também asseverar que apenas imposições não violentas podem ser educativas.

Enquanto a instrução ensina "como fazer", a educação transmite "como viver". Enquanto o conhecimento é importante para saber "como fazer", ele é a própria essência do "como viver". A escola é o local onde as crianças são iniciadas na arte de "viver juntas", e educar é ensinar a gramática dessa vida em comum. No caso da instrução, o papel do educando é predominantemente passivo: deve contentar-se em "seguir" o curso que lhe é "ministrado", memorizando e arquivando ideias que lhe são inculcadas. Em princípio, não precisa reagir (a menos que o instrutor cometa um erro), mas apenas repetir: o instrutor é um mestre de exercícios. Na educação os alunos têm um papel ativo e seu aporte é vital. A educação se baseia numa interação entre professor e aluno. Enquanto a instrução enfatiza o aprendizado do conhecimento, a educação salienta seu relacionamento com o aluno. O instrutor fala aos alunos, assim como o educador, mas este também se reserva tempo para conversar com os alunos e ouvi-los.

É útil poder distinguir entre instrução e educação, mas isso não significa que devam estar separadas, e muito menos pintadas como opostas. Um bom instrutor já educa bastante, e um bom educador oferece também instrução. Especialmente nos campos da filosofia, literatura e história, o professor jamais deve se contentar em apenas instruir, simplesmente comunicando conhecimento objetivo. Trata-se aqui de nada menos que o significado da existência humana, e isto é o que deve ser discutido com os alunos.

Vale a pena enfatizar a importância da matemática na formação intelectual das crianças. A instrução em matemática atua diretamente na educação do intelecto. O conhecimento matemático, baseado na lógica da não contradição e no princípio da dedução, ensina o rigor do raciocínio, que é essencial ao pensamento.

Quando se propôs a "avaliar os exercícios com os quais se ocupam as escolas", Descartes escreveu: "Gostava, sobretudo, da matemática, em virtude da natureza certa e autoexplicativa das explanações".[79] E prossegue, deixando claro que esperava que estas "explanações certas e autoexplicativas" que os matemáticos tinham conseguido descobrir em suas demonstrações "fariam que meu espírito se acostumasse a alimentar-se prazerosamente da verdade, e nunca se contentasse com as falácias".[80] E isso o levou a pensar que o método matemático não apenas poderia prestar serviço às "artes mecânicas", como também ser extremamente útil na descoberta de "tudo que recai na esfera da compreensão humana".[81]

Michel de Montaigne se ressentia muito da falta da filosofia, e deplorava o fato de que não era ensinada às crianças:

> É uma vergonha que as coisas tenham chegado a este ponto nos dias de hoje: que a filosofia tenha se transformado, mesmo para pessoas cultas, em um nome vazio e fantástico, que ninguém usa, que ninguém valoriza. [...] Ela é muito injustiçada ao ser descrita como inacessível às crianças.[82]

Segundo Montaigne, de todas as artes que teriam de ser ensinadas às crianças, em primeiro lugar deveria ser a do bem viver:

> Pois me parece que as primeiras proposições a regar a mente infantil deveriam ser aquelas que governam os modos e os sentidos, aquelas que ensinam o autoconhecimento e os elementos de uma boa morte e uma boa vida.[83]

E já que é a filosofia que nos "ensina a viver", é importante comunicar isso à criança. Mais tarde virá o tempo de aprender ciência:

> Após aquilo que mostra como agir com sabedoria e virtude, então permita que a criança conheça a lógica, a física, a geometria e a retórica.[84]

No desenho do sistema educacional prevalente nas sociedades descritas como "modernas", a instrução ocupa um lugar bem maior que a educação. O objetivo primordial é habilitar os jovens a chegarem ao mercado de trabalho com as habilidades técnicas necessárias para encontrar o melhor emprego: um acordo entre o sistema educacional e o sistema econômico. É evidente que a escola deve preparar os jovens para ganhar uma qualificação ocupacional com a qual consigam um posto de trabalho ou, melhor ainda, possam escolher uma ocupação que se ajuste a suas aptidões. O primeiro requisito expresso pelas famílias é utilitário: preocupam-se acima de tudo com o "sucesso acadêmico" de seus filhos, sucesso tal que os habilite a conseguir um rápido ingresso no mercado de trabalho.

Isso é compreensível, mas, numa democracia, os pais *não* são clientes da escola, e *não* deve ser papel deles decidir o que é ensinado a seus filhos. A missão da escola é a de transmitir os valores básicos da cultura na qual está inserida, da civilização e da democracia, não podendo ser objeto de negociação com os pais. Os pais não podem alegar o direito de controlar a escola, mas tampouco isto significa que devam ser excluídos do processo educacional. Ao contrário, devem ser colaboradores, recebendo o máximo de informação a respeito e sendo consultados através de seus representantes sempre que necessário.

Há também por parte dos professores a tentação de se considerarem instrutores em vez de educadores. "Cada macaco no seu galho" diz o provérbio milenar, e "Quem faz tudo não faz nada direito". É trabalho do professor comunicar conhecimento: uma matéria, uma disciplina. Entretanto, seria uma traição de sua missão se as escolas se limitassem ao papel de inculcadoras de conhecimento: seu propósito deve ser o de educar as crianças. No livro *Cidadela*, de Saint-Exupéry, o senhor reúne seus educadores e lhes diz: "Nunca lhes foi dito para matar a pessoa dentro da criança, nem para transformá-la em formiga para viver a vida de um formigueiro. [...] O que importa para mim é sua humanidade, se maior ou menor".[85] Isso é o que, no final das contas, deveria importar ao professor.

"A República", escreve Blandine Barret-Kriegel, "precisa de homens e mulheres que prefiram a bondade".[86] Mas, se homens e mulheres bons são os que devem constituir a República, quem irá educar as crianças da República para a bondade? Quem ensinará a elas os requisitos filosóficos e morais que devem ser o fundamento da cidadania? Onde, senão na escola? Uma sociedade democrática deve, evidentemente, ser humanista, mas esta qualidade secular não pode ser definida apenas negativamente por seu distanciamento de todas as religiões e influências ideológicas. Deve ser primordialmente definida de maneira positiva, e não só pelo seu respeito para com as convicções religiosas de cada um, como também pelo ensino de uma filosofia ética e política que trata os direitos e deveres universais do indivíduo e do cidadão como fundamentais.

Com muita frequência constatamos que o modelo de humanismo que serve de referência para o desenho pedagógico sofre de uma séria carência de crítica filosófica. Não é um princípio do conceito democrático de humanismo que "todas as ideias são dignas de respeito". Aquelas que contradizem os valores sobre os quais se fundamenta a Declaração Universal dos Direitos Humanos não merecem respeito e devem ser ativamente rejeitadas e combatidas. Num texto chamado "Contra a violência", o Comitê Nacional de Combate à Violência na Escola, organizado pelo Ministro da Educação da França, afirma que as políticas educacionais das instituições acadêmicas devem ter como fundamento "uma moralidade universal baseada no respeito pela dignidade da pessoa humana, garantindo-se que todos sintam-se membros da comunidade humana e, como tal, sujeitos a certos deveres que incluem a rejeição da violência, do racismo e das humilhações em quaisquer circunstâncias, e das doutrinas que levam a tais abusos".

A violência é, na verdade, uma perversão da humanidade, e a educação deve visar à erradicação da violência. Philippe Meirieu afirma:

> A educação segundo essas orientações, principalmente na escola, envolve uma meticulosa adesão a tudo que possa liberar as pessoas da violência e ensiná-las a ter amor pelo conhecimento e paciência para compreender. É também oferecer a elas os meios para escapar de todas as formas de violência – social ou intelectual – que possam ser usadas contra elas, mesmo que por parte da instituição educacional que as instrui; e também meios para escapar de tudo quanto as convida a serem violentas com os outros.[87]

Estabelecendo regras juntos

Os alunos de uma classe não escolheram viver juntos. Não são voluntários, o acaso os reuniu. Também não escolheram se colocar sob a autoridade dos professores. A escola não é uma comunidade, mas uma sociedade, ou mais precisamente uma sociedade em construção. Portanto, é necessário, desde o primeiro dia do semestre, organizar a "vida em comum" desses alunos e professores. Toda vida social implica a existência de leis. Sempre que os indivíduos vivam juntos em grupo, é necessário elaborar regras; e a vida em comum só é possível se todos respeitarem essas regras.

Seria vão, portanto, se em nome de algum ideal abstrato de total não violência, alguém tentasse desenvolver uma sociedade em que a justiça e a ordem fossem asseguradas pelo comportamento espontâneo de cada membro, sem necessidade de impor obrigações pela lei. A lei desempenha uma função social indelegável: a de obrigar os cidadãos a se conduzirem racionalmente, de tal forma a evitar dar rédeas a comportamentos arbitrários ou violentos. Não é equilibrado considerar o constrangimento legal como um obstáculo à liberdade, pois as leis são as garantidoras desta. Leis justas são o fundamento do estado de direito. Na escola as regras devem levar as crianças a viverem juntas num ambiente de respeito mútuo. Uma das tarefas fundamentais da educação é a de desenvolver dentro da escola uma *cultura de respeito*, a única maneira de manter à distância a cultura da violência, uma vez que ela está sempre pronta a dominar.

A "educação cívica" das crianças não deve ser algo ensinado separadamente, como uma aula "extra", por assim dizer. Ao contrário, precisa estar no centro da estratégia pedagógica. A cidadania não deve se transformar numa "matéria" com o mesmo peso das outras. A fim de iniciar as crianças em cidadania, deve-se ensinar a elas o uso adequado da lei. A obediência que se espera de um cidadão não é uma submissão incondicional passiva às ordens de uma autoridade superior, mas a observância refletida e consentida de uma regra cuja legitimidade os próprios cidadãos reconheçam.

As regras sociais impostas aos alunos a fim de construir sua vida em comum devem corresponder a princípios éticos dos quais eles possam se apropriar; e em vista disso, uma dimensão educativa essencial é fazer que as crianças participem do estabelecimento das regras comunitárias que precisarão respeitar, oferecendo a elas oportunidades de aprenderem por experiência própria a necessidade dessas regras para que consigam viver juntas em um clima de respeito mútuo generalizado. Dizem Bisot e Lhopiteau:

> A missão do educador é ensinar às crianças e aos jovens a habilidade de estabelecer regras entre eles, ou a de negociar com os

adultos certas propostas. [...] Para transformar crianças em seres autônomos é preciso dar a elas acesso aos três aspectos das regras para a vida em comum: fazer as regras, aplicar as regras e administrar a justiça.[88]

A ideia não é de colecionar votos, mas a de alcançar consenso. É aconselhável definir de saída o que é "negociável" e o que não é. Nenhuma regra pode ser estabelecida sem o consentimento do professor, mas é evidente que as regras devem valer tanto para professores quanto para alunos. A força da lei é um freio à onipotência dos adultos. Em princípio, a lei é algo que evolui e pode sofrer emendas que a alinhem com os requisitos da vida em comum.

Como um prenúncio das leis sociais, essas regras devem definir os direitos e deveres de cada um em relação aos outros, e ter como objetivo negar toda e qualquer legitimidade à violência. A lei deve explicitar os termos do "contrato" que obriga os membros da comunidade escolar. Deve estabelecer balizas e proibições que imponham limites às crianças, para que estas os enfrentem em seu processo de estruturação. Portanto, não só é "permitido proibir", mas na verdade "é obrigatório proibir". E a proibição primordial que vem antes das demais, aquela que forma a base da cultura (e da civilização) é a *proibição da violência*, que encontra expressão na *exigência de não violência*.

10. Autoridade

Uma educação não violenta não acarreta a abolição completa da autoridade dos adultos. Para que a personalidade se estruture, a criança precisa enfrentar essa autoridade, e é responsabilidade da pessoa em autoridade "exigir obediência". A educação precisa ensinar obediência à lei, mas a obediência não deve ser resultado de um relacionamento de dominação e submissão entre adulto e criança. É mister estabelecer e manter uma distinção entre *autoridade e poder*. O poder quer dominar, enquanto a autoridade busca consentimento. Se o professor espera apenas subordinação por parte do aluno, então a insubordinação torna-se o único meio de autoexpressão deste. A autoridade do adulto deve prevalecer, mas através de um processo de comunicação e diálogo, que permita à criança sentir que o mundo da escola é seu, é um lugar onde ela tem o direito de falar, onde seus pontos de vista são ouvidos e levados em conta.

Escreve Emmanuel Levinas:

> Toda ação é violenta quando o agente se comporta como se fosse a única pessoa ativa; como se o resto do universo estivesse ali apenas para receber a ação; segue-se que são violentas todas as ações nas quais somos objeto da ação *sem* que haja uma contribuição efetiva de nossa parte.[89]

Esse pensamento pode nos ajudar a definir com maior precisão o relacionamento pedagógico entre educador e criança. Nesse espírito, toda aula em que o professor fala como único agente, como se as crianças estivessem ali somente para que o professor lhes dirigisse a palavra, é uma educação violenta – como toda educação que seja recebida sem nenhuma contribuição por parte das crianças. Isto significa que o educador deve aceitar estabelecer diálogo e discussão com os alunos. É preciso reconhecer que o modelo tradicional de pedagogia era tal que dava aos professores poder praticamente total sobre os alunos, que não tinham direito algum de se expressarem. Quando falavam, era só para responder perguntas feitas pelo professor, e apenas uma resposta era permitida: aquela que o professor queria ouvir.

A educação precisa tentar fomentar a autonomia ao invés da submissão, uma mente crítica em vez de obediência passiva, responsabilidade em lugar de disciplina, cooperação em substituição à competição, e solidariedade no lugar da rivalidade. O educador deve sempre mostrar o relacionamento entre a lei e a justiça. As proibições da lei não têm outro propósito senão garantir a justiça, ou seja, o respeito pelos direitos de cada um e todos da comunidade.

As crianças devem sentir por si mesmas, e aprender por experiência própria, que sua obediência à lei possibilita à comunidade escolar viver em harmonia. Devem internalizar a "regra de ouro" recomendada por todas as tradições espirituais: "Não faças aos outros o que não queres que os outros façam a ti mesmo."

A "regra de ouro"

Quando Kant quis definir a regra ética própria dos humanos como seres racionais, propôs o seguinte princípio: "Aja somente de acordo com uma máxima que você possa desejar que seja simultaneamente transformada numa lei universal".[90] Assim, por exemplo, se a máxima segundo a qual ajo é tal que me dá o direito de usar a violência contra os outros para satisfazer minhas próprias necessidades, esta é uma máxima que não posso desejar que se torne simultaneamente uma lei universal, pois logo perceberei que, embora talvez queira ser violento, de forma nenhuma irei desejar que haja uma lei universal que permita a violência – se não por outro motivo, pelo simples fato de que não quero que os outros usem a violência contra mim para satisfazer suas necessidades.

Por outro lado, eu posso desejar a máxima da não violência, que exigirá que eu aja com respeito pela humanidade dos outros e não trará consequências negativas caso se torne uma lei universal. Conclui-se, portanto, que a não violência é a lei universal, ou seja, o princípio ético que qualquer ser racional deve observar. Não é preciso um curso de pós-graduação para fazer que uma criança compreenda esse ensinamento de Kant: basta saber que não pode roubar ou danificar as coisas de outra criança, simplesmente porque não quer que as outras crianças roubem e danifiquem as suas. Da mesma forma, não deve bater no coleguinha porque não gostaria de levar um safanão dele. Seguindo a mesma linha de pensamento, as crianças entenderão perfeitamente que, se querem ser respeitadas pelos demais alunos, devem primeiro respeitá-los. Assim, o respeito é um dever pelo fato de ser primeiramente um direito: devo respeito ao colega porque tenho direito a ser respeitado pelo colega. E se eu violar o direito do outro de ser respeitado, não poderei mais reclamar o direito de ser respeitado por ele. Esse respeito mútuo é o fundamento da vida pacífica em comum. A base da vida comunitária não é o amor, mas a justiça, ou o respeito pelos direitos de todos.

A característica que define a obediência à autoridade é o fato de envolver consentimento. Aquilo que a pessoa responsável diz é que deve "ter autoridade". Contudo, a autoridade pode não ser convincente, sendo então necessário recorrer a medidas impositivas, mas sem o uso de violência. Para a pessoa no papel de autoridade, o recurso à violência é uma confissão de fraqueza; e a violência solapará toda a sua autoridade. Autoridade é essencialmente não violenta: em primeiro lugar a violência é incapaz de gerar autoridade e, em segundo, só quando o poder carece de autoridade é que recorre à violência.

Identificar o recurso à violência como exercício legítimo da autoridade é, portanto, perder-se numa confusão deveras grave. A violência pode obter a obediência, é verdade, porém não consegue substituir a autoridade, visto que jamais deixa de ser a sua negação, já que "autoridade" vem do vocábulo latino *auctoritas*, "qualidade de autor", e *auctor*, "criador", que por sua vez derivam do verbo latino *augere*, "aumentar, fazer progredir". Assim, a fonte da verdadeira autoridade está na capacidade de fazer progredir o outro.

Penalidades educativas

Quando a autoridade do educador não der conta de persuadir a criança a respeitar as obrigações impostas pela lei, deve-se então recorrer a medidas coercitivas. É aconselhável, portanto, que cada transgressão da lei tenha uma penalidade prevista, e esta deve ser coerente com o programa pedagógico como um todo. O propósito da penalidade não é punição (do verbo latino *punire*, que significa "obter vingança"), mas, como sempre, seu propósito é continuar educando. A penalidade deve fazer que a criança compreenda que quebrou o contrato que ela mesma aceitou, e dar a ela a oportunidade de fazer algum tipo de esforço para corrigir a situação. A penalidade se justifica primeiramente de modo negativo, uma vez que sua ausência, a que chamamos "impunidade", incentiva a criança recalcitrante a tornar-se um transgressor habitual. O propósito da penalidade é restaurar não a autoridade do professor, mas a primazia da lei.

A penalidade educativa[91] é concebida de modo a permitir que os transgressores tomem consciência da responsabilidade por seus próprios atos – responsabilidade por si mesmos e pelos outros – para que possam reconciliar-se consigo mesmo e com o grupo. A punição visa enfatizar o fato de que unicamente poderemos viver juntos se cada um respeitar a lei. Penalizar não é condenar, humilhar, mas impor responsabilidades. Portanto, é preciso manifestar desaprovação quanto ao ato de transgredir, e não condenar a pessoa do transgressor. Hervé Ott enfatiza a importância de "distinguir entre o julgamento de pessoas e o julgamento de comportamentos". Ele propõe uma fórmula admirável para ilustrar esta distinção: "Dizer a uma criança: 'Isto que você fez é uma burrice' é totalmente diferente de dizer 'Você é uma burra'" [92] – embora o preferível seja expressar nossa própria reação à burrice dizendo: "Não gostei disso", para tornar claro o aspecto relacional dessa transgressão à lei. Mesmo assim, deve haver uma reparação para toda traquinagem.

A reparação permitirá à criança novamente fazer parte do grupo. Sugere Éric Prairat:

> Fazer reparação é evidentemente reparar algo, mas é também reparar alguém. A reparação é dirigida a outra pessoa; e recorrer a um processo reparador é introduzir um terceiro, a vítima, a pessoa a quem se dirige a reparação. A outra pessoa é recebedora, mas também mediadora, é o remendo com o qual o transgressor pode restaurar sua integridade. A necessidade de reparar é também o desejo de restaurar a si mesmo.

O educador deve mostrar *firmeza* – insistindo nas proibições da lei, recusando-se a deixar passar as transgressões – mas não *severidade*. Ser severo é usar de violência com a criança transgressora (severo vem do verbo latino *saevire*, que significa "usar de violência"). Éric Prairat continua:

> Uma penalidade educativa não é uma retaliação que de alguma forma deva cancelar o ato de violência original, mas um freio, cujo propósito é quebrar o círculo de fazer/sofrer o mal. [93]

No ambiente escolar, uma vez que tenha sido posto a limpo o motivo da transgressão, cumprida a regra, e reparado o dano causado, este deve ser o "fim da história". Toda penalidade deve ser expurgada depois de algum tempo, no máximo um ano. É muito prejudicial à criança se sua "ficha" a acompanhar por toda a vida escolar e até mais além. É um princípio essencial da educação não violenta que a criança tenha sempre uma outra chance.

A educação não deve convencer a criança de que a obediência é um dever e uma virtude em todas as circunstâncias e, em consequência, que a desobediência está sempre errada. A criança manifesta desde cedo um "sentido de justiça" e poderá sentir-se gravemente injustiçada ao confrontar-se com algo que considere um "abuso de autoridade" por parte dos adultos, inclusive quando a vítima de tais abusos é alguma outra criança. Seja em causa própria, seja pela outra, a criança deve ser capaz de expressar esse sentimento sem ser repreendida nem ter medo de punições. No mínimo, a criança tem direito a maiores informações e a uma explicação do fato.

A educação deve preparar as crianças para adquirir autonomia verdadeira, permitindo que criem certas regras de conduta por si próprias, com base em critérios morais escolhidos por elas mesmas. Ou seja, deve ensiná-las a julgar a lei e recusar submissão a ela quando lhes parecer injusta. "Pobre da criança", disse Janusz Korczak, "em quem a vontade de insubordinação foi extinta com sucesso!" [94] O adulto que virá da criança deverá encontrar em si a força para recusar submissão incondicional às regras do "líder". Gandhi achava lamentável que uma parte essencial e frequentemente decisiva da educação fosse o dever de obediência à autoridade, o que condicionava a criança de tal forma que esta se tornava um cidadão submisso em vez de responsável. Ele condenava escolas "onde as crianças são ensinadas a pensar que a obediência ao Estado é um dever maior que a obediência à própria consciência; onde são corrompidas com falsos conceitos de patriotismo e dever de obediência aos superiores, tornando-as presas fáceis do aliciamento do governo".[95]

11. Solução construtiva de conflitos

Em virtude da posição assimétrica, e nesse sentido não igualitária, entre professor e aluno, seu relacionamento jamais estará livre de conflitos. É responsabilidade do adulto não suprimir esses conflitos pela submissão a qualquer custo da criança. Por outro lado, uma educação responsável não pode basear-se na total ausência de orientação que beire a permissividade total. Em face do conflito, o professor certamente não deve permitir tudo nem punir tudo. Cada um desses extremos revela falta de autoridade, e nos dois casos o professor perde credibilidade, tornando-se incapaz de obter respeito ou ser ouvido. O ambiente da sala de aula logo se torna insuportável, pois os dois extremos levam professores e alunos a um impasse. E ninguém é beneficiado.

O educador deve buscar soluções construtivas para os conflitos que surgem, alocando algum espaço para as necessidades e solicitações expressas pela criança: isto ajuda a construir autoconfiança. A construção da autoconfiança não é apenas o fim da educação, mas também o meio. Para ter uma solução positiva do conflito, é preciso que haja participação e cooperação de ambas as partes. Portanto, é importante que o professor envolva os alunos na busca de soluções. Deve deixar claro que não se trata de o adulto achar a solução e impô-la aos alunos, mas de professor e alunos buscarem, juntos, uma saída para o conflito. O professor deve apelar à criatividade dos alunos e ter a ousadia de perguntar a eles que soluções proporiam. Para tanto, evidentemente, será necessário ceder algum poder, que ao mesmo tempo reverterá em autoridade. Como adulto, o melhor modo de conseguir que as crianças ouçam o que você diz é dando ouvidos a elas. Esse relacionamento interativo entre os dois lados deve viabilizar uma solução aceitável para todos. E assim todos se beneficiarão.

Os próprios educadores devem aprender a fazer "aulas de laboratório" a partir dos conflitos que inevitavelmente surgem entre as crianças, para que elas possam perceber que essas ocasiões de oposição desempenham um papel no processo de desenvolvimento de sua personalidade. Ensinar as crianças a encontrar uma saída para o conflito significa ensiná-las a não fugir desse conflito, e ajudá-las a compreender que é possível passar pelo conflito e lidar com ele de maneira construtiva. Diz Éric Prairat:

> Quando reconhecemos que o conflito não é a violência, mas que a violência é apenas um aspecto possível do conflito, então se abre entre eles um espaço ideal para o trabalho do educador – evidentemente não para ocultar ou mascarar as coisas, mas para ensinar as crianças, ou melhor, aprender com elas como viver as confrontações que tendem a surgir na vida social e resolvê-las de modo positivo. [96]

Focalizando o objeto do conflito

Retomemos agora a ideia de René Girard de que a origem do conflito entre dois adversários repousa numa rivalidade mimética que os leva a brigar pela posse de um objeto. A não violência tende a quebrar este ciclo mimético em que cada um dos rivais imita a violência do outro, respondendo um tapa com um tapa, olho por olho, dente por dente. O princípio da ação não violenta é justamente não se deixar levar por essa espiral interminável de violência. A ideia é encontrar uma maneira de quebrar o mecanismo que "dá o troco na mesma moeda", recusando-se a imitar a violência do agressor, daquele que "começou a briga". Tomar a decisão de não imitar nosso adversário violento é decidir manter-se impoluto por tal violência.

Para quebrar o círculo vicioso da violência é preciso refocalizar constantemente o conflito, voltando a atenção para o fato que o causou, em vez de deixar que degenere em pura rivalidade pessoal. As pessoas têm o direito de conseguir e ter as coisas de que realmente precisam. Portanto, têm também o direito de defender essas coisas daqueles que querem apossar-se delas. A resolução de conflitos requer, portanto, que se estabeleça uma situação de justiça entre os rivais, de tal forma que se garantam os direitos de cada um deles em relação ao objeto. E, para tanto, é preciso voltar continuamente para o próprio objeto, para que se possa negociar a respeito. Todavia, essa atenção especial com o objeto não deve levar à negação dos sentimentos das partes envolvidas, pois o reconhecimento desses sentimentos revela as questões que estão frustrando e contrariando as duas partes, sendo necessário para a transformação do conflito.

A rivalidade pessoal só consegue envenenar o conflito e levá-lo em direção ao impasse da violência. Além disso, a violência tende a destruir o próprio objeto em questão. A violência é muitas vezes a política do desespero, uma estratégia de terra devastada. Frequentemente constatamos que os rivais preferem que o objeto seja destruído a vê-lo nas mãos do outro.

É preferível, portanto, negociar o objeto, examinando quem tem que direitos sobre ele. Pode acontecer que os dois rivais tenham legítimos direitos sobre o objeto; será possível conciliar tais direitos? Poderá o objeto ser partilhado de forma justa? Há outros objetos disponíveis que possam satisfazer os requerimentos desta e da outra parte?

Quebrando a lei do silêncio

Entre crianças, o lugar onde a violência surge primeiro é no pátio da escola. Se os adultos simplesmente deixam que continue, o pátio logo se torna uma terra sem lei, onde "vale tudo".

Quando uma criança sofre um ataque físico, a reação instintiva dos adultos em geral é dizer "reaja", "defenda-se". Se conselhos dessa natureza não são seguidos de uma explicação detalhada de como proceder, serão interpretados, segundo a cultura dominante, como "brigue" ou "bata de volta". Esse tipo de atitude leva a um endosso da violência como regra de conduta nas relações com os outros.

Obviamente, não estamos sugerindo que as crianças se submetam à coação sem fazer nada. Ao contrário, elas devem convencer-se de que precisam recusar-se a ser vítimas. Devem quebrar a lei do silêncio. Quando a filha de Jacques Sémelin perguntou-lhe como devia reagir à agressão, ele explicou que ela deveria, acima de tudo, recusar-se a ficar quieta:

> Não pode haver solução não violenta para os conflitos se você, a vítima, não agir. Decida que você não vai mais ser a vítima. Não aceite que os outros façam o papel de carrasco: este é o começo da ação não violenta. Recusar-se a ser a vítima é romper um relacionamento em que você sempre perde. Você não joga mais o jogo que eles querem que você jogue, não mais. Você diz: "Não quero fazer isso. Nunca mais vou fazer isso." Você se torna o sujeito da sua própria vida, a heroína de sua própria história. [...] Para frear a violência e os maus-tratos é sempre importante encontrar a coragem de dizer não – um não bem forte e sonoro, para que eles saibam que você não aceita o que eles estão fazendo com você.[97]

Jacques Sémelin aconselha sua filha a falar a respeito, imediatamente, com um adulto no qual ela confie. De fato, "é importante que haja adultos por perto nessa hora para garantir o cumprimento das regras no pátio, separar as crianças que brigarem, pôr um basta em ações violentas, descobrir a origem dos conflitos, discuti-los com as partes envolvidas, permitir que cada criança sinta-se protegida e compreender o que está acontecendo durante as brincadeiras fora da sala de aula. Aqui começa o trabalho de resolução não violenta de conflitos".[98] No entanto, a criança que foi submetida à violência provavelmente não encontrará coragem para falar sobre isso – nem com os familiares, nem com os professores, nem mesmo com um amigo – por medo de atrair ainda mais violência do agressor em virtude da "delação".

A comunidade educacional tem de envidar todos os esforços para convencer essas crianças de que, não importando as ameaças que possam sofrer, não devem ter medo de denunciar. Se continuarem em silêncio, ficarão nas mãos dos agressores, e estes poderão continuar a atormentá-las sob a segurança da total impunidade. Para superar o medo, precisam ganhar forças recusando-se a serem vítimas, aprisionadas numa autoimagem negativa. Ceder avilta a pessoa que está sendo agredida e exalta o agressor. Falar sobre o assunto é algo que permite à criança agredida recuperar a posse de sua vida, enquanto aceitar a violência contra si mesma equivale à falta de autorrespeito. O autorrespeito exige respeito dos outros. Denunciar a agressão é em si um ato de recusa a jogar dentro das regras da agressão, e assim já frustra os objetivos da agressão. A denúncia identifica os agressores, de modo que todos veem e sabem o que eles são, fazendo o medo mudar de lado. Vale lembrar que dificilmente o agressor se limita a vitimar apenas uma criança, de modo que a denúncia serve também para incentivar outras vítimas a falarem.

Desmascarados diante dos adultos (professores e pais), os agressores sabem que serão chamados para dar explicações e sofrer sanções. Por trás de toda a sua valentia, poderão não estar de maneira nenhuma indiferentes ou insensíveis a este desbaratamento de seu jogo. É provável que compreendam que é de seu interesse manter a paz dali em diante. Essas crianças agressoras devem permanecer inteiramente dentro do plano pedagógico:

também elas precisam ser ouvidas e ter espaço para expressar sua angústia e sofrimentos. Se for necessária uma punição, esta não deve ser uma condenação ou exclusão da criança, mas a plena reintegração do agressor ao grupo.

As crianças que testemunham atos de violência certamente tendem a ficar quietas. Também elas ficam intimidadas pela ideia das represálias do agressor no caso de uma delação. Não ousam quebrar a "lei do silêncio". Aliás, quando surge um problema na escola, nem sempre a simpatia recai sobre a vítima; o comportamento dos colegas pode ser mais parecido com o de telespectadores, que assistem ao *show* oferecido. Mesmo aqueles que não concordam com o que está acontecendo tentam convencer-se de que é melhor não delatar seus colegas. Guardar silêncio é parte do "código de honra" que confirma sua qualidade de membros do grupo. Abrindo a boca, poderão ser excluídos e considerados traidores do grupo.

Novamente nos defrontamos com uma tarefa para o pedagogo, que precisa convencer a testemunha de que silenciar é ser cúmplice do agressor, e que tem o dever de prestar assistência "aos que estão em perigo". Janusz Korczak se propôs a tarefa de reabilitar a "fofoca". É feio "dedurar"? De onde veio esse antiquíssimo princípio?

> Será que aprenderam com maus professores? Ou será que foi o contrário, os professores aprenderam com maus alunos? Sim, pois esse princípio só beneficia os piores membros dos dois grupos: admite que a criança indefesa pode ser atacada, explorada e humilhada sem direito a pedir ajuda, nem apelar para a justiça. Os agressores triunfam enquanto os agredidos sofrem em silêncio.[99]

Professores e pedagogos devem conceber um código de comportamento para a criança agredida que estabeleça padrões, coloque regras e explique o que fazer. Esses princípios devem ser propalados a todos os alunos e funcionários da escola. Esta deve ser "a regra": que toda criança que seja agredida ou ameaçada vá falar a respeito com algum membro da comunidade escolar. Tais providências provavelmente conseguirão dissuadir agressores potenciais e mudar toda a atmosfera do estabelecimento de ensino, reduzindo a violência de forma significativa.

Mediação na escola

A mediação tem no pátio da escola um campo particularmente fértil de aplicação, podendo ali gerar soluções construtivas para os conflitos que surgem. O objetivo é permitir que as crianças sejam apresentadas à não violência como regra de vida. A mediação visa criar um processo cooperativo entre os adversários, de tal forma a se tornarem parceiros de uma busca comum por soluções criativas e construtivas para seu conflito, uma solução da qual ambos participem e que permita um final com dois ganhadores.

"Dramatizações" podem ser sugeridas, nas quais as crianças encenem situações de conflito escolhidas por elas. Os atores desempenham os vários personagens envolvidos no conflito, fazendo o máximo para "vivenciar como real" aquilo que estão "encenando". O objetivo é permitir que todos sintam as emoções e sentimentos que teriam, caso estivessem numa situação parecida na realidade. Dessa forma os participantes ficam conhecendo melhor seu comportamento com outras pessoas, conscientizando-se de seus próprios sentimentos, reações e atitudes quando se relacionam com os outros. Isso lhes proporciona maior autoconfiança. O método da dramatização também permite que se "encene" um conflito para procurar alternativas que levem a uma solução positiva, testar novas formas de comportamento e que as crianças "experimentem a não violência por si mesmas".

É importante que o pátio e a classe formem uma unidade educacional. Para que isto ocorra, devem ser organizados encontros periódicos entre o professor e todas as crianças da classe – este "conselho de classe" poderá ocorrer duas vezes por semana – que examinem os problemas que surgem dentro e fora da classe, procurando soluções a serem testadas. Este encontro deve ser um lugar onde reine a liberdade de expressão, a liberdade de expressão sendo em si uma forma de conter a violência. Cada criança deve poder manifestar seus problemas segura de que será ouvida receptivamente por todos. Como diz Janusz Korczak:

> A análise dos conflitos que surgem entre os alunos permite que compreendam o processo na prática; confere a eles a linguagem, o vocabulário e os conceitos para expressar seus medos e sofrimentos de outra forma que não a violência e os insultos. [100]

A mediação na escola pode ser realizada por alunos voluntários, depois de terem adquirido alguma prática. Este tipo de mediação é chamado de "mediação dos pares".[101] Tal programa de mediação deve ser um projeto assumido por toda a comunidade pedagógica, inclusive as famílias. A tarefa de fornecer informações e conscientizar tem de ser levada a efeito junto a todo o corpo estudantil, de modo que todos conheçam os princípios e regras dessa mediação, e reconheçam o *status* dos alunos-mediadores. Eles devem ser identificados com algum sinal (uma faixa no braço ou distintivo) e andar aos pares pelo pátio a postos para intervir quando surgirem situações de conflito. Um adulto (professor ou pai) deve estar sempre presente, e uma sala sempre disponível para que os mediadores se encontrem com as crianças envolvidas, longe dos olhares dos outros.

> Conforme o procedimento de mediação, os mediadores se encontram com cada parte separadamente, num primeiro momento,

para explicar a mediação, conhecer seu ponto de vista sobre a questão, e reduzir a tensão entre as partes criando um ambiente de confiança: todos os pré-requisitos necessários à tentativa de solução do problema. [...] O papel dos mediadores é, acima de tudo, restabelecer a comunicação entre as partes em conflito, permitindo que cada qual coloque seu ponto de vista e ajudando-as a buscarem uma solução juntas. [102]

12. Rumo a uma cultura de não violência

Na sessão de encerramento da Conferência Internacional sobre Violência Escolar e Políticas Públicas, realizada em 7 de março de 2001 em Paris, Koïchiro Matsuura, diretor-geral da UNESCO, falou sobre as soluções práticas a serem implementadas em relação aos problemas causados pela violência na escola dizendo:

> Continuo convencido de que essas soluções só serão viáveis se forem realizadas por um movimento global em prol de uma verdadeira cultura de não violência. A palavra nos vem através de Gandhi: é a tradução do sânscrito *ahimsa* e nos lembra que somos herdeiros de uma tradição que abriu um espaço descomunal para a violência. [...] Por isso a UNESCO defende incessantemente o ensino generalizado dos direitos humanos e a transmissão dos valores de tolerância, não violência, solidariedade e respeito mútuo por meio da reforma dos currículos e livros escolares.

A cultura é sempre a cultura da natureza. Não tem sentido colocar cultura e natureza em extremos opostos, pois nada pode ser cultivado que não nos tenha sido oferecido, dado pela natureza, e cujas sementes não estivessem já presentes na natureza. A natureza humana não é um dado, mas uma sugestão: a natureza propõe e a cultura dispõe.

Os humanos são por natureza tanto violentos quanto não violentos; são capazes de ser as duas coisas. Portanto, por natureza, os humanos são ao mesmo tempo inclinados para a violência e predispostos à não violência, sendo que o fator mais importante é: qual parte de nós mesmos decidimos cultivar, tanto individual quanto coletivamente. Hoje em dia é preciso reconhecer que nossas sociedades são dominadas por uma cultura de violência.

A violência não é inevitável

A tragédia da violência é que ela é perpetrada por pessoas contra pessoas, o que prova que ela não é inevitável. A violência é apenas uma possibilidade da natureza humana e, nesse sentido, é "natural". Mas há outra possibilidade, igualmente "natural": o potencial humano para a generosidade. Se as pessoas são capazes de fazer o bem, é porque sua natureza é boa. Se são capazes de fazer o mal, é porque sua natureza é livre. Os humanos são bons voluntariamente, por uma decisão livre da vontade. É a liberdade que confere dignidade e sentido à sua existência.

Se nós, como indivíduos, não cultivarmos nosso jardim interior e o deixarmos abandonado, as ervas daninhas da violência brotarão em toda parte. Mas temos não só colhido os frutos silvestres da violência quanto sido péssimos jardineiros, que devotam muito esforço no cultivo precisamente desses frutos. Cultivar a violência é de fato torná-la inevitável, mas é uma inevitabilidade criada apenas por nossa vontade mal orientada. É uma característica desta cultura não perceber a necessidade da não violência e obstinadamente ignorar os métodos não violentos de resolução de conflitos. Que espaços, que horários reservamos para que as crianças pensem sobre a filosofia da não violência e comecem a praticar os métodos da ação não violenta? Quando somamos tudo que nossas sociedades fazem para cultivar a violência e tudo quanto deixam de fazer para cultivar a não violência, vemos o quanto temos pela frente se quisermos organizar a transição da humanidade de uma cultura de guerra para uma cultura de paz.

A cultura da não violência é mais difícil, requer mais atenção e maiores cuidados que a da violência. Leva muito tempo para que os deliciosos e vivificantes frutos da não violência cresçam e amadureçam, muito mais que os frutos amargos e mortais da violência. Quando nós, como humanos, percebemos a desumanidade da violência, seu absurdo e falta de sentido, então é que descobrimos interiormente uma sede de não violência, a base e o princípio organizador de nossa humanidade. A cultura da não violência é a expressão de nosso caráter humano, que não pode ser negado. A não violência é condição necessária para nosso encontro uns com os outros como irmãos e irmãs.

A história da não violência

No segundo Fórum Internacional de Cultura de Paz realizado em Manilha, Filipinas, em novembro de 1995, a UNESCO formulou várias propostas cujo objetivo era fortalecer a cultura de paz através da educação. Duas dessas propostas defendem uma reforma do ensino da história, de tal forma que a violência e a guerra não mais apareçam como o único meio que as nações e indivíduos têm para defender sua liberdade e conseguir justiça. As propostas são as seguintes:
- Os programas devem incluir informação sobre movimentos sociais (nacionais e internacionais) em prol da paz e da não violência, democracia e desenvolvimento equitativo;
- O ensino da história deve ser sistematicamente revisto e reformulado para dar ênfase tanto às mudanças sociais não violentas quanto aos aspectos militares, com especial atenção à contribuição das mulheres.

É fundamental que os "heróis" que apresentamos para as crianças não sejam somente guerreiros ou revolucionários que ficaram famosos lutando: a reverência por tais heróis se torna um tributo à violência. Temos uma vasta história de grandes feitos de resistência e lutas não violentas. Conforme diz Jacques Sémelin:

Uma história desconhecida. [...] Uma história singularmente ausente dos livros escolares e discursos oficiais. É vital que nossa cultura tome posse dessa história, desse mundo de resistência que, embora pouco conhecido, tem suas próprias patentes de nobreza e é parte de nossa herança comum.[103]

Em especial as lutas de Gandhi e Martin Luther King podem ajudar as crianças a entenderem o quão grandiosa e eficaz pode ser a resistência não violenta.

Simone Weil afirma que "um pensamento só adquire plena existência quando encarna num ambiente humano".[104] Para que a não violência realize todo o seu potencial, deve de fato enraizar-se em um ambiente humano, ou seja, numa comunidade, numa sociedade na qual todos os membros – ou ao menos a grande maioria deles – partilhem os mesmos valores e as mesmas convicções. Para que a não violência se desenvolva, precisa fazer parte da cultura de nosso ambiente humano, sendo que esta condição evidentemente não está sendo atendida nas sociedades atuais. Em nosso ambiente cultural, a simples menção da não violência tende a provocar uma avalanche de argumentos – sempre os mesmos – disparados com a finalidade de diminuir seu significado e relevância. Enquanto a não violência for mantida assim prisioneira de infindáveis discussões, estaremos diante de um sinal de que a cultura da violência ainda predomina em nosso pensamento.

A não violência é uma convicção de uns poucos que vivem numa sociedade onde a grande maioria, até agora, não partilha dessa convicção. Sob tais condições, na ausência de um ambiente humano que gere uma atmosfera intelectual e espiritual favorável à não violência, corremos grande perigo de sofrer pela total escassez dos frutos que ela poderia oferecer.

Nossa tarefa mais urgente é, portanto, criar um ambiente humano que promova a cultura da não violência.

Notas

Introdução

1 Na França a "Recomendação..." foi distribuída a todos os diretores e professores pelo Ministro da Educação em Circular n° 85-192 de 22 de maio de 1985, publicada no Diário Oficial n° 22 de 30 de maio de 1985.

2 Karl Popper e John Condry, *La télévision: un danger pour la démocratie*, Anatólia, Paris, 1994, p. 33.

3 Karl Popper, *La leçon de ce siècle*, Anatolia, Paris, 1993, p. 72.

4 *Ibidem*, p. 73.

5 Karl Popper e John Condry, *op. cit.*, p. 33.

6 Georges Gusdorf, *La vertu de force*, PUF, Paris, 1960, p. 84.

7 Éric Prairat, "Genèse du conflict", em *Pour une éducation non-violente, enjeux pédagogiques et socieaux*, Éditions Non-Violence Actualité, Montargis, 1988, p. 45-46.

8 Janusz Korczak, "The child's right to respect", em *Selected works of Janusz Korczak*, Scientific Publication Foreign Cooperation Center, Varsóvia, 1979.

9 François Vaillant, *La non-violence, essai de morale fondamentale*, Le Cerf, Paris, 1990, p. 206.

10 *All human beings... Manual for human rights education*, UNESCO, Paris, 1998, p. 18.

11 Mahatma Gandhi, *All men are brothers*, Navajivan Publishing House, Ahmedabad, 1960, p. 179.

12 Bernadette Bayada, "Préjugés et stéréotypes, sources de violence", em *L'éducation à la paix*, Centre National de Documentation Pédagogique, Paris, 1993, p. 139.

13 Michel Serres, *Le tiers instruit*, Éditions François Bourin, Paris, 1991, p. 36.

14 Philippe Meirieu, *L'envers du tableau. Quelle pédagogie pour quelle école?*, ESF, Paris, 1993, p. 100-103.

1. Conflito

15 René Girard, *Things hidden since the foundation of the world*, pesquisa feita em colaboração com Jean-Michel Oughourlian e Guy Lefort. Stanford University Press, Stanford,1987.

16 *Ibidem*.

17 *Ibidem*.

18 Simone Weil, *Oeuvres complètes*, tomo VI, Cahiers, vol. 2, Gallimard, Paris, 1997, p. 74.

19 Simone Weil, *Oeuvres complètes*, tomo VI, Cahiers, vol. 1, Gallimard, Paris, 1994, p. 325.

20 François Vaillant, texto não publicado.

2. Agressividade

21 Horácio, *Epístolas*, Livro Primeiro, epístola II.

3. Violência

22 René Girard, *Things hidden since the foundation of the world, op. cit.*, p. 35.

23 *Ibidem*, p. 234.

24 Simone Weil, *Oeuvres complètes*, tomo VI, vol. 1, *op. cit.*, p. 297.

25 Paul Ricoeur, *Histoire et vérité*, Le Seuil, Paris, 1955, p. 227.

26 Simone Weil, "L'Iliade ou le poème de la force", em *La source grecque*, Gallimard, Paris,1953, p. 12-13.

27 Emmanuel Kant, *Fondements de la métaphysique des moeurs*, Librairie Delagrave, Paris, 1952, p. 150-152.

28 *Ibidem*, p. 149.

29 *Ibidem*, p. 152.

30 Simone Weil, *Écrits historiques et politiques*, Gallimard, Paris, 1960, p. 80.

31 Simone Weil, *Intuitions préchrétiennes*, Fayard, Paris, 1985, p. 54.

4. Não violência

32 *Young India*, 1919-1922, S. Ganesan, Madras, 1924, p. 286.

33 Emmanuel Kant, *Fondements de la métaphysique des moeurs, op. cit.*, p. 113.

34 Emmanuel Kant, *La religion dans les limites de la simple raison,* Vrin, Paris, 1983, p. 84.
35 *The collected works of Mahatma Gandhi*, vol. 18, Publications Division - Ministry of Information and Broadcasting, Government of India, Ahmedabad, 1965, p. 265.
36 *Ibidem*, vol. 44, p. 59.
37 *Ibidem*, p. 90.
38 Mahatma Gandhi, *All men are brothers*, Navajivan Publishing House, Ahmedabad, 1960, p. 119.
39 Éric Weil, *Logique de la philosophie*, Vrin, Paris, 1967, p. 20.
40 *Ibidem*, p. 19.
41 *Ibidem*, p. 20.
42 *Ibidem*, p. 47.
43 *Ibidem*, p. 20.
44 Éric Weil, *Philosophie morale*, Vrin, Paris, 1992, p. 20.
45 Éric Weil, *Logique de la philosophie, op. cit.,* p. 57.
46 *Ibidem*, p. 69.
47 Éric Weil, *Philosophie morale, op. cit.,* p. 47.
48 Éric Weil, *Logique de la philosophie, op. cit.,* p. 75.
49 *Ibidem*, p. 20.
50 *Ibidem*.
51 Éric Weil, *Philosophie politique,* Vrin, Paris, 1984, p. 31.
52 *Ibidem*.
53 Éric Weil, *Philosophie morale, op. cit.,* p. 52.
54 Éric Weil, *Philosophie et réalité, Derniers essais et conférences,* Vrin, Paris, 1982, p. 269.
55 Éric Weil, *Philosophie morale, op. cit.,* p. 53.
56 Éric Weil, *Logique de la philosophie, op. cit.,* p. 64.
57 *Ibidem*, p. 59.
58 *Ibidem*, p. 65.
59 Dostoievski, *Les frères Karamazov,* Gallimard, Paris, 1948, p. 221.

5. Democracia

60 Federico Mayor, Discurso de abertura do Fórum sobre Cultura de Paz em Bamako, Mali, 24 de março de 1997.

61 Mahatma Gandhi, *Tous les hommes sont frères*, Gallimard, Paris, 1969 p. 235-6.

62 Mahatma Gandhi, *Hind Swaraj, or Indian home rule,* Civilization et Notre Délivrance, Paris, 1957, p. 142-143.

63 Hannah Arendt, *Du mensonge à la violence, Essais de politique contemporaine,* Calmann-Lévy, Paris, 1969, p. 148.

64 Sigmund Freud, *Essais de psychanalyse* (o ensaio individual chama-se "Psicologia de grupo e análise do ego", de 1921). Petite Bibliothèque Payot, Paris, 1981, p. 34.

65 *Ibidem*, p. 158.

66 Mahatma Gandhi, *Tous les hommes sont frères, op. cit.,* p. 251.

6. Mediação

67 Jean-François Six, *La Brèche*, n° 40-42, p. 118.

68 François Bazier, "Allo, le service de médiation?", em *La médiation*, Éditions Non-Violence Actualité, Montargis, 1993, p. 20.

8. Delinquência

69 Jean-Pierre Bonafé-Schmitt, "La médiation scolaire: l'apprentissage d'un rituel de gestion des conflits", em *Violence et éducation: de la méconnaissance à l'action éclairée*, L'Harmattan, Paris, 2001, p. 351.

70 Sobre o assunto, ver o artigo de Bernard Seux, "Civilités et incivilités scolaires", em *Alternatives Non-Violentes*, revista trimestral do Institut de Recherche sur la Résolution Non-Violente des Conflits, n° 114, primavera 2000.

9. Educação em cidadania

71 Michel de Montaigne, *Essays I*, Gallimard, Col. Folio/Classique, Paris, 1997, p. 222.

72 *Ibidem*, p. 225.

73 *Ibidem*, p. 223.
74 Bernard Lempert, "Changer de regard sur les enfants", em *Non-Violence Actualité*, março 2000.
75 Émile Chartier Alain, *Propos sur l'éducation*, Presses Universitaires de France, col. Quadrige, Paris, 1998, p. 77.
76 *Ibidem*, p. 53.
77 *Ibidem*, p. 51.
78 Antoine de Saint-Exupéry, *Citadelle*, Gallimard, Paris, 1948, p. 219.
79 Descartes, *Discours de la méthode*, Éditions de l'École, Paris, 1965, p. 16.
80 *Ibidem*, p. 26.
81 *Ibidem*, p. 25.
82 Michel de Montaigne, op. cit., p. 235.
83 *Ibidem*, p. 233.
84 *Ibidem*, p. 234.
85 Antoine de Saint Exupéry, *op. cit.*, p. 99.
86 Libération, 25 de março de 1992.
87 Philippe Meirieu, *op. cit.*, p. 166-167.
88 Anne-Catherine Bisot e François Lhopiteau, "La résolution non-violente des conflits", em *L'éducation à la paix, op. cit.*, p. 213.

10. Autoridade

89 Emmanuel Lévinas, *Difficile liberté*, Albin Michel, Série Biblio-essais, Paris, 1990, p. 18.
90 Emmanuel Kant, *Métaphysique et des moeurs*, tomo I, GF-Flammarion, Paris, 1994, p. 97.
91 Sobre esse assunto veja Éric Prairat, "La nécessaire sanction", em *Conflit, mettre hors-jeu la violence*, supervisionado por Bernadette Bayada, Anne-Catherine Bisot, Guy Boubault e Georges Gagnaire, Chronique Sociale, Lyon, 1997.
92 Hervé Ott, "Du conflit destructeur au conflit créatif dans l'education", em *Violence et éducation, op. cit.*, p. 330.
93 Éric Prairat, *op. cit.*, p. 63.

94 Janusz Korczak, *Comment aimer un enfant*, Robert Laffont, Paris, 1958, p. 200.

95 Citado por Jean Herbert, *Ce que Gandhi a vraiment dit*, Stock, Paris, 1969, p. 133-134.

11. Solução construtiva de conflitos

96 Éric Prairat, "Genése du conflit", em *Pour une éducation non-violente, op. cit.*, p. 46.

97 Jacques Sémelin, *La non-violence expliquée à mes filles*, Le Seuil, Paris, 2000, p. 27.

98 Claudine Braun, Fabien Pujervie, Alain Refalo, livreto que acompanha o vídeo "La non-violence de l'école", produzido pelo Institut de Recherche sur la Résolution Non-violente des Conflits (IRNC).

99 Janusz Korczak, *op. cit.*, p. 197.

100 *Ibidem.*

101 Sobre esse assunto ver "Organiser la médiation scolaire", em *Conflit, mettre hors-jeu la violence, op. cit.*

102 *Ibidem*, p. 119.

12. Rumo a uma cultura de não violência

103 Jacques Sémelin, "A la recherche de notre histoire", em *Résistances civiles, les leçons de l'histoire*, Non-Violence Actualité, Montargis, 1989.

104 Simone Weil, *Pensées sans ordre concernant l'amour de Dieu*, Gallimard, Paris, 1962, p. 65.

Do mesmo autor

L'évangile de la non-violence, Fayard, Paris, 1969. [O evangelho da não violência]

La défi de la non-violence, Le Cerf, Paris, 1976. [O desafio da não violência]

César Chavez, un combat non-violent (coautoria com Jean Kalman), Fayard/Le Cerf, Paris, 1977. [César Chavez, uma luta não violenta]

Stratégie de l'action non-violente, Le Seuil, col. Points-Politique, Paris, 1981. [A estratégia da ação não violenta]

Vous avez dit: "Pacifisme"?, De la menace nucléaire à la défense civile non-violente, Le Cerf, 1984. [Você disse: "Pacifismo"? Da ameaça nuclear à defesa civil não violenta]

La dissuasion civile (coautoria de Christian Mellon e Jacques Sémelin), Fondation pour les Etudes de Défense Nationale, 1985. [A dissuasão civil]

Vocabulário da não violência, Loyola, São Paulo, 1991.

La nouvelle donne de la paix, Editions Témoignage Chrétien, 1992. [O novo pacto da paz]

Désobéir à Vichy, La résistance civile de fonctionnaires de police, Presses Universitaires de Nancy, 1994. [Desobedecendo em Vichy. A resistência civil dos funcionários da polícia]

Gandhi, la sagesse de la non-violence, Desclée de Brouwer, Paris, 1994. [Gandhi, a sabedoria da não violência]

Simone Weil, l'exigence de non-violence, Desclée de Brouwer, Paris, 1995. [Simone Weil, a necessidade da não violência]

Comprendre la non-violence (coautoria com Jacques Sémelin), Non-Violence Actualité, 1995. [Para compreender a não violência]

Guy Riobé et Jacques Gaillot, Portraits croisés, Desclée de Brouwer, Paris, 1996. [Guy Riobé e Jacques Gaillot, Retratos comparados]

DO MESMO AUTOR

Paroles de non-violence, Albin Michel, Paris, 1996. [Palavras de não violência]

Principes et méthodes de l'intervention civile, Desclée de Brouwer, 1997. [Princípios e métodos de ação civil]

Gandhi, l'insurge, L'épopée de la marche du sel, Albin Michel, Paris, 1997. [A insurreição de Gandhi, a epopeia da Marcha do Sal]

O princípio da não violência. Uma trajetória filosófica, Palas Athena Editora, 2007.

Les moines de Tibhirine, témoins de la non-violence, Témoignage Chrétien, 1999. [Os monges de Tibhirine, testemunhas da não violência]

Paroles de bonté, Albin Michel, Paris, 1999. [Palavras de bondade]

Vers une culture de non-violence (coautoria com Alain Refalo), Dangles, 2000. [Rumo a uma cultura de não violência]

Le courage de la non-violence, Editions du Relie, Gordes, 2001. [A coragem da não violência]

Dictionnaire de la non-violence, Éditions du Relié, Gordes, 2005. [Dicionário da não violência]

Sugestões de leitura
da Palas Athena Editora

A revolução do altruísmo
Matthieu Ricard

Autobiografia – minha vida e minhas experiências com a verdade
Mohandas K. Gandhi

Disciplina Restaurativa para Escolas
Lorraine Stutzman Amstutz / Judy H. Mullet

Educar para a paz em tempos difíceis
Xesús R. Jares

Gandhi – poder, parceria e resistência
Ravindra Varma

Justiça Restaurativa
Howard Zehr

O cálice e a espada
Riane Eisler

O caminho é a meta – Gandhi hoje
Johan Galtung

O poder da parceria
Riane Eisler

O princípio da não violência – uma trajetória filosófica
Jean-Marie Muller

Pedagogia da convivência
Xesús R. Jares

Processos Circulares de construção de paz
Kay Pranis

Transcender e transformar – uma introdução ao trabalho de conflitos
Johan Galtung

Transformação de conflitos
John Paul Lederach

Trocando as lentes: Justiça Restaurativa para o nosso tempo
Howard Zehr

Impressão e acabamento:

Orgrafic
Gráfica e Editora
tel.: 25226368